Naturführer

Burger Moos & Hofstätter See

Dr. Alexander Großmann

Burger Moos und Hofstätter See (KL)

Vorwort

Moore sind die Aschenbrödel bei Landschaftsbeschreibungen und Naturführern. Kein Wunder, denn Schriftsteller, Maler und auch normale Menschen interessieren sich in erster Linie für „schöne", blumenreiche und farbenprächtige Lebensräume. Und Moore zählen nun einmal seit eh und je eher zu den düsteren und unheimlichen Gebieten, die man eher meidet als besucht: „O, schaurig ists übers Moor zu gehn ..." Droste-Hülshoff brachte mit ihrem Gedicht die allgemeine Einstellung der Bevölkerung zu Mooren wohl am besten zum Ausdruck.

Mich ruderte schon als kleines Kind mein Vater über den Hofstätter See und durchs Burger Moos. Ich erinnere mich an die scharfblättrigen Pflanzen, an das bräunliche Wasser, an die aus dem Schlamm aufsteigenden Bläschen mit stinkenden Gasen, an die ziemlich laut schwirrenden Libellen und die stechenden Schnaken. Mir war das Moor nie unheimlich und schaurig, sondern eher aufregend und interessant – etwas ganz anderes als Wiesen, Felder und Wälder, die es überall gab.

Erst vor ein paar Jahren lernte ich das Burger Moos gründlicher kennen, als ich dort einen Moorlehrpfad einrichtete. Hauptmotiv war, einer breiteren Öffentlichkeit den Wert dieses Moores nahezubringen, weil es durch eine in nächster Nähe geplante Grundwasserentnahme gefährdet schien. Der Lehrpfad wurden gut angenommen und von Besuchern und Moorkennern häufig gelobt. Das veranlasste mich, über ein erweitertes Informationsangebot in Form eines mit vielen Fotos und Grafiken illustrierten Buchs nachzudenken.

Ganz entscheidend erleichtert wurde das Vorhaben durch eine umfassende biologische Bestandsaufnahme des Burger Mooses*, die 2003 vom Landratsamt Rosenheim veranlasst wurde. Auf die Ergebnisse dieser Untersuchung stützt sich dieses Buch weitgehend. Einen der Verfasser dieses Gutachtens, Alfred Ringler, konnte ich als Autor für den Buchteil Burger Moos gewinnen. Da der See über 40 Jahre im Besitz meiner Familie war, übernahm ich dessen Beschreibung selbst.

Drei Besonderheiten hat dieses Buch: Erstens beschreibt es ein Moor und einen See und deren Zusammenwachsen zu *einem* Lebensraum. Zweitens wollten wir nicht nur einen Naturführer durch dieses Gebiet machen, sondern zugleich Allgemeinwissen über Moore auf der ganzen Welt vermitteln. Drittens sind wir auch ein wenig auf die Bedeutung von Mooren in Literatur und Malerei eingegangen.

Herzlich danken möchte ich für Anregungen, Beiträge oder Durchsicht Prof. Otto Siebeck, Gerhard Märkl, Cornelia Siuda und Ulrich Sorg. Die vielen schönen Bilder in diesem Buch, die die Pflanzen- und Tierwelt dieses Gebietes eindrücklich veranschaulichen, habe ich vor allem Gerhard Jünemann, Dr. Michael Lohmann †, Cornelia Siuda und Johann Zimmermann zu verdanken. Besonderen Dank verdient schließlich auch Claus Linke, der mit großem Engagement und Geschick für Layout und Druckvorbereitung sorgte.

Prutting, März 2015

Dr. Alexander Großmann

---

*) Dipl.Biol. Alfred Ringler, Dipl.Ing. Cornelia Siuda/Ökokart, „Pflege- und Entwicklungskonzept für das Burger Moos mit Hofstätter- und Rinser See", 2006

Inhaltsverzeichnis

Vorwort 3

Das Burger Moos

Das Burger Moos in Kürze 8
    Swamp crossing – Eintauchen in eine verrückte Welt *10*
Die Entstehung des Burger Mooses 12
Unterschiedliches Wasser > Vielfalt der Pflanzen 16
Moore sind nasse Lebensräume 17
    Kleine Moorkunde *17*
Historische Nutzungen und Veränderungen 20
Die Moortypen 22
Das Niedermoor – gut ernährt und artenreich 24
    Moore in der Literatur *26*
Seggenriede sind Sauergraswiesen 29
Das Schilf – eine amphibische Vielzweckpflanze 33
    Das Moor in der Malerei *35*
Der Bruchwald - ein Wald mit nassen Füßen 38
    Moore erzählen Geschichte *39*
Das Zwischenmoor – ein Raritätenkabinett 43
    Moor hilft heilen *46*
Das Hochmoor- ein bunter Moosteppich 50
    Die Pollenanalyse *53*
    Der Torf *56*
Die Tiere im Burger Moos 59
    Flugkünstler & Räuber *63*
Bedeutung und Wert des Burger Mooses 67
Gefährdung und Schutz 70
    Renaturierung von Mooren *72*
    Geschützte Sumpf- und Wasserpflanzen *74*
    Ein Stück Schöpfung erleben *78*

Der Hofstätter See

Eine kurze Anatomie des Sees 82
   Seen sind in Bayern Raritäten *83*
Entstehung: Ein Gletscher schürfte eine Mulde 85
Vom Klosterbesitz St. Emmeram zur Gegenwart 89
Seewasser: woher und wohin? 91
Nährstoffe bestimmen das Leben 92
Pflanzen über und unter Wasser 94
Die Tierwelt des Hofstätter Sees 103
Auf und über Wasser - die Vögel 109
Kleiner See mit großen Fischen 113
   Die Dichteanomalie *117*
Der Fischfang 127
Nutzungen: Fischen, Baden, Wandern 129
Gefahren, Schutz und Erhaltung 133

Anhang

Vier Motive für einen Besuch 136
Einbrechen, versinken, ertrinken 147
Besucher-Fragen von A - Z 150
Glossar 151
Register 152
Bildnachweis 155
Literaturhinweis 156
Impressum 156

Das Burger Moos in Kürze

- Das Burger Moos ist *benachbart und verschränkt* mit dem Hofstätter See: Große Wassergräben ragen tief ins südliche Moor hinein und das Moos umschlingt auch fast den ganzen See. Seine Vegetation ist **stark vom Seewasser geprägt**. Man könnte es deshalb auch als „Seemoor" bezeichnen. Moos und See beeinflussen sich gegenseitig.
- Es gilt als eines der **besterhaltenen Moorwildnisse** Mitteleuropas. Die Verbindung mit dem See ließ weder Torfstechen noch Landgewinnung durch Entwässerung zu.
- Mit einer Fläche von 80 ha ist es ein vergleichsweise **kleines Moor**.
- Vom Niedermoor bis zum Hochmoor sind hier **alle Moortypen** in einem bunten Mosaik vertreten.
- Seine Einzigartigkeit besteht jedoch darin, dass es **zu drei Vierteln aus Zwischenmoor** besteht, während die bayerischen Moore insgesamt nur einen Zwischenmooranteil von 1 % aufweisen. Damit ist es sogar „von internationaler Bedeutung" (A. Ringler).
- Der Bestand von 320 Moorpflanzen weist auf **außergewöhnliche Vielfalt** hin. Es ist das reichhaltigste Einzelmoorgebiet des Landkreises Rosenheim.
- Das Burger Moos ist auch besonders **reich an seltenen** und vom Aussterben bedrohten **Pflanzen**: über 70 Pflanzen stehen auf der Roten Liste Deutschland.
- In dem in über 10 000 Jahren gewachsenen Biotop überlebten viele **Eiszeitrelikte**, wie zum Beispiel ein Vorkommen von Schneidried, das in Größe und Unberührtheit im südöstlichen Oberbayern einzigartig ist.
- Wegen seines Reichtums an Raritäten wurde es schon frühzeitig zum **Landschaftsschutzgebiet** erklärt und ist später auch als Fauna/Flora-Habitat gemeldet worden.
- Die 14 Tafeln eines 2010 eingerichteten quer durchs Moos führenden **Moor-

Besucher vor der Starttafel des Moorlehrpfades Burger Moos. (AG)

lehrpfades** vermitteln dem Besucher jeweils an Ort und Stelle die wichtigsten Informationen über dieses Moor.
- Einen guten Überblick über das Moor hat man von einem auf der Südostseite des Burger Mooses errichteten **Beobachtungsturms**. Vom höhergelegenen Weiler Vettl auf der Westseite des Mooses eröffnet sich ebenfalls ein weiter Blick – mit Alpenhintergrund.
- In den folgenden Kapiteln haben wir **fünf Vegetationszonen** ausgewählt, die der Laie relativ leicht an einer *dominierenden Pflanzenart* wie zum Beispiel Torfmoos erkennen kann. Reich illustriert wird auch die *Tierwelt im Moor*

⇦ Das Burger Moos im Morgennebel (GJ)

Das Burger Moos mit starker Verwaldung (links unten und oben rechts) durch Eindringen von Nährstoffen aus der Umgebung. (KL)

beschrieben. Es gibt hier sogar mehr Tier- als Pflanzenarten.
- Kapitel über Entstehung, Geschichte, Bedeutung und Naturschutz runden das Bild vom Burger Moos.
- Gelblich unterlegt haben wir an vielen Stellen **Hintergrundinformationen** z. B. über Moore in der ganzen Welt, über Torfnutzungen oder über Moor in Literatur und Malerei eingefügt.

wissenswert ...

Swamp crossing – Eintauchen in eine verrückte Welt

von Alfred Ringler

Durchquert man - was man nicht sollte - ein Maisfeld oder eine stark gedüngte Fettwiese kurz vor der Mahd, so trifft man überall die gleichen Pflanzen an (Monokultur). Im Burger Moos ist so etwas ganz ausgeschlossen. Dort ändert sich die Vegetation auf Schritt und Tritt. Alle 100 Meter wähnt man sich in einem anderen Moor mit einem ganz anderen Pflanzenbestand. Der Fachmann nennt das Biodiversität.

Ein Sumpf mit vielen Gesichtern

Diese biologische Vielfalt erleben in der Regel nur wenige Menschen, weil Moor als schwer begehbar und gefährlich gilt. Wer sich trotzdem hineinwagt, muss seine Bewegungsweise ständig umstellen. Am Moorrand quält er sich mühsam durch 4 m hohe Schilfbestände oder er kämpft sich mit der Machete durch einen Erlen-Dschungel voller Brennnesseln und tiefen Wasserpfützen; dann hüpft er halsbrecherisch von Sumpfgrashorst zu Sumpfgrashorst, dabei mit rudernden Armen mühsam das Gleichgewicht haltend und trotzdem immer wieder in den tiefen Morast abrutschend. Schon nach 20 Metern erreicht er ein Gewirr mosiger Inselchen, von denen aus er nur mit weiten Sprüngen über kleine aber unergründlich scheinende Wasserarme weiterkommen kann. 50 Meter weiter sinkt er bei jedem Schritt in einem riesigen Schwamm aus Torfmoos ein. Bei jedem Schritt muss er seine Gummistiefel schmatzend aus dem Sumpf ziehen, wenn er nicht gleich im Torf stecken bleiben will.

Einsinken und ertrinken?

Aber der dramatische Höhepunkt blüht ihm erst im Zentrum des Moores am Rande eines geheimnisvollen Moorbaches. Plötzlich sackt der „Lift" in die Tiefe. Der mächtige, fest gegründet wirkende Sauergrasschopf, auf dem der Wanderer gerade

Blühendes Schilf im Gegenlicht (ML)

Großer Moorgraben im Westen, der für den Moorwanderer ein unüberwindliches Hindernis darstellt. (JZ)

gelandet ist, taucht unter der neuen Last ins morastige Wasser ein und mit ihm der/die Moorabenteurer/in. Da hilft nur noch einarmiges Schwimmen und dabei Kamera und Portemonnaie mit den Geldscheinen und Bankkarten mit der anderen Hand aus dem Wasser halten. Vielleicht hat das Burger Moos nur deshalb noch keine Moorleichen freigegeben, weil jeder, der danach sucht, das Schicksal seines Traumobjekts teilt, bevor er es entdeckt hat. Hat der Moorbachschwimmer dann das rettende Ufer in Gestalt einer älteren Erle erreicht, so merkt er beim Besteigen des „Ufers", wie der ganze Moorboden samt Erle schwankt und einsinkt! Eine verrückte Welt, die mehr neue Eindrücke bietet als eine Urwaldexpedition in Papua-Neuguinea – und das 5 km vor den Toren Rosenheims!

Eine sportliche Herausforderung

Swamp Crossing im Burger Moos ist ein sportliches Highlight der Extraklasse, weil es so zugleich viele unterschiedliche Vegetationsbestände/Pflanzengesellschaften kennen lernen lässt. Hinzu kommen zusätzliche „Herausforderungen" wie kleine blutende Hautritzungen durch die Kieselsäurezähnchen der Sumpfschneide, Hautreizungen von mannshoher Brennnesseln, schmerzhafte Stiche von Wasserwanzen oder angriffslustigen Wespen, die ihre Nester mit Stielen an Schilfhalmen befestigen. Schließlich auch überraschendes Versinken und Untertauchen auf einem Schwimmrasen.

Die Entstehung des Burger Mooses

Ein Gletscher schuf See und Moor

Ein Arm des mächtigen Inngletschers schürfte in wiederholten Eiszeiten die flache Rinne aus, die sich nach der letzten Kaltzeit (etwa 10.000 v. Ch.) mit Wasser füllte und somit Hofstätter, Rinser und Siferlinger See schuf. Das Burger Moos entstand durch ein allmähliches Vordringen von Wasser- und Sumpfpflanzen in den späteren Hofstätter See.

Im Frühjahr reißt Treibeis die abgestorbenen Binsenstengel ab. Sie treiben ans Ufer und fördern dort die Verlandung. (GJ)

Als *Verlandung* bezeichnet man gemeinhin das Auffüllen eines Gewässers mit lebendem und totem Pflanzen-Material. In zeitlicher Abfolge (Sukzession) beginnt die Besiedlung mit im tiefen Wasser stehenden, untergetauchten Wasserpflanzen wie Laichkräutern. In bis zu zwei Metern Tiefe folgen das „amphibische" Schilf, das bis aufs feste Land reicht, und die Binsen. Näher dem Ufer in etwas flacheren Buchten gedeihen Schwimmblattpflanzen wie Seerose, Gelbe Teichrose und Schwimmendes Laichkraut). Seggen (Sauergräser wie die Steife Segge) wagen sich dagegen nur ins ganz flache Wasser vor und bilden dann aber in langen Zeiträumen feste Uferpolster. Die nächsten Stufen der Verlandung formen schließlich Niedermoor-Vegetationen, Zwischenmoor und als letztes Hochmoor. In Wirklichkeit folgen freilich nicht alle Moorpflanzen genau diesem Schema. So kann man beispielsweise selbst in Hochmoor-Tümpeln gelegentlich ein paar Seerosen finden.

Wie sich Moortypen ausbilden

Die Verlandungspflanzen bildeten schließlich ein Flach- oder *Niedermoor*, das noch Kontakt zum Mineralboden und damit Zugang zu verschiedenen Nährstoffen hat. Im Laufe von Jahrhunderten entstanden hier aus abgestorbenen, nicht ganz verrotteten Pflanzenresten wachsende Torfschichten – im Burger Moos in einer Mächtigkeit von bis zu 10 m. Dicke Torfschichten isolieren die lebende oberste Pflanzenschicht weitestgehend von Mineralstoffen und es entsteht als letztes ein *Hochmoor*, in dem nur noch „Hungerkünstler" wie Torfmoose überleben. Sie können sich allein von Regenwasser

Die Raupe des Hochmoor-Gelblings (*Colas palaeno*) lebt nur von Blättern der Rauschbeere (*Vaccinum uliginosum*). Sie ist monophag. (AH)

und Staub ernähren. Hochmoore liegen zwischen dem Westufer am Sonnenwald und unterhalb des Weilers Hofstätt sowie im Zentrum des Westbeckens des Burger Mooses.

In der nächsten Verlandungsstufe, den *Zwischenmooren,* findet man Pflanzen, die in den beiden Moortypen Nieder- und Hochmoor vorkommen. Dieser Moortyp hat aber auch eine eigene Vegetation, die es nur dort gibt. Zu ihm gehören auch die Kalkquellmoore (hauptsächlich im Westteil), die sich auch aus Quellaufstößen speisen.

Allmähliche Verlandung

Die Verlandung eines stehenden Gewässers vollzieht sich in der Regel sehr langsam. Bis der ursprünglich noch pflanzenfreie Ur-Hofstätter See bis zu 62 % (heutiger Zustand) zugewachsen war, dauerte es über 10.000 Jahre. Allerdings sind in gleicher Zeit eine Reihe von Seen in nicht allzu ferner Nachbarschaft wie der Haslacher See südöstlich von Söchtenau oder der Arxtsee bei Bad Endorf einfach unter einer Moordecke *verschwunden*.

Von Wasser durchströmt

Von den umliegenden flachen Hängen strömt viel Regenwasser, das unterwegs auch Mineralien aufnimmt, in und durch das Burger Moos in Richtung See. Bei starkem Wasserandrang tritt das Wasser auch an der Mooroberfläche aus und läuft dann in etwa parallel angeordneten Rinnen (Fließschlenken) ab. Moorkundler unterscheiden unter hydrologischen Aspekten drei Moortypen:
- Kalkquellmoore werden von Wasseraustritten aus den umgebenden Drumlinhügeln gespeist und konzentrieren sich auf den Südost- und Westrand des westlichen Burger Mooses.
- Durchströmungsmoore leiten einströmendes Wasser horizontal durch ihren sehr lockeren Torfkörper.
- Verlandungsmoore wachsen als Schwingmoore in den See vor.

Neue Wasserflächen

Auch heute noch können sich neue Wasserflächen in Mooren bilden. Das zeigt der ein über 100 m langer und 8 – 12 m breite Wasserarm 50 m nördlich des Beobachtungsturm. Nach Ausweis alter Karten ist diese Wasserfläche erst in den letzten 150 Jahren durch eine Rissbewegung im Moorkörper entstanden, wahrscheinlich erst im 20. Jahrhundert. Dies bestätigen auch die beiden Uferlinien: Fügte man sie zusammen, so griffen sie passgenau ineinander.

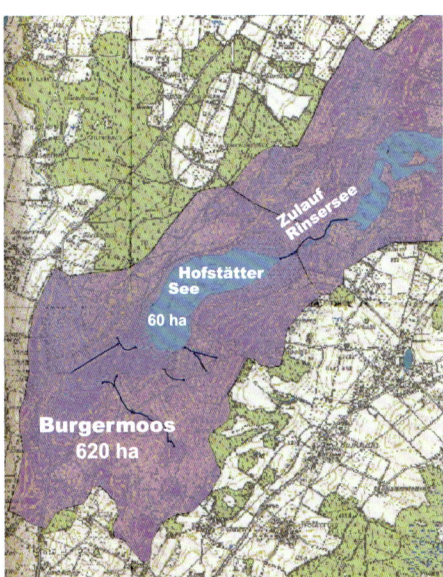

Die umliegenden flachen Hügel schaffen ein Niederschlags-Einzugsgebiet, das siebenmal so groß ist wie das Moor. Das garantiert eine meist gute Versorgung der Moorränder. (CS)

Blick vom Nordteil des Burger Mooses auf die noch schneebedeckten Alpen und die ausgedehnten Latschenkiefer-Bestände (GJ).

Unterschiedliches Wasser > Vielfalt der Pflanzen

Die verschiedenen Teile des Burger Mooses werden ganz unterschiedlich mit nährstoffarmem und nährstoffreichem Wasser versorgt. Das bringt eine besondere Vielfalt unterschiedlicher Moorpflanzen hervor.

Da ist erst einmal und vor allem das Regenwasser, das so nahe am Alpenrand reichlich vom Himmel kommt, jahresdurchschnittlich etwa 1.200 mm. Dieses an Mineralstoffen arme Wasser sammelt sich

Natürliche Teiche und Schlenken machen das Moor abwechslungsreich und fördern seine Pflanzenvielfalt (Biodiversität). (CS)

in der Moor und See umfassenden Gletschermulde, die mit wenig durchlässiger Grundmoräne ausgekleidet ist. Ein Teil des Regenwassers sickert aber auch durch diese tonhaltige Schicht. Dieses Sickerwasser löst etwas Kalk und andere Mineralstoffe aus dem Moränenschutt und wird somit angereichert. Der größte Teil dieses im Mineralgehalt unterschiedlichen Zustromwassers durchfließt sehr langsam den sehr lockeren und porösen Torf des Moores in Richtung See.

Das geschieht etwa so:
- Mineralstoffarmes Regenwasser fällt auf die umliegenden Moränenhügel
- ein Großteil fließt oberflächlich direkt ins Moor
- ein kleinerer Teil durchströmt den Moränenschutt sowie die Felder und nimmt dabei Mineralien auf. Dieses Zustromwasser durchfließt sehr langsam den Torf des Moores in Richtung See
- Mineralien enthaltendes Quellwasser aus dem Untergrund tritt hinzu
- Der gesamte Moorkörper wird von Regenwasser, angereichertem Wasser und Quellwasser unterschiedlich versorgt
- Mineralstoffarmes und -reiches Wasser schafft unterschiedliche Lebensbedingungen und bringt unterschiedliche Pflanzen hervor

Ein paar Beispiele mögen das veranschaulichen:

Überall wo sich dunkelgrüne Latschen (Gramsen) aus dem Moosteppich erheben und sich die weißen Köpfe des Scheidigen Wollgrases (*Eriophorum vaginatum*) im Winde wiegen, ist das Reich des nährstoffarmen Regen- oder Hochmoores.

Rosa Mehlprimeln (*Primula farinosa*) und blaublütiges Fettkraut (*Pinguicula vulgaris*) zeigen hingegen an: Hier ist Quellmoor mit kalkreichem Wasser.

Die mannshohen kräftigen Stiele der Schneidbinse (*Cladium mariscus*) sind schließlich ein untrügliches Zeichen für Quellaufstöße aus dem mineralienreichen Grundwasser, wie sie vor allem im Zwischenmoor auftreten.

Moore sind nasse Lebensräume

wissenswert ...

Kleine Moorkunde

Moore sind generell nasse Lebensräume, deren Böden ständig oder überwiegend mit Wasser bedeckt sind und die Torf bilden. Dieser Luftabschluss durch Wasser verhindert weitgehend die Umwandlung abgestorbener Pflanzenteile in Humus und begünstigt damit die Entstehung von Torf. Wichtigste Voraussetzungen für die Entstehung von Mooren sind flache (fast) abflusslose Mulden mit undurchlässigen Bodenschichten in denen sich Wasser sammeln kann. Im Voralpenraum schürften die Gletscher der Eiszeit flache Mulden oder Senken aus, die sich zunächst mit Wasser füllten. In den 11 000 Jahren nach Beendigung der letzten Eiszeit (Würmeiszeit), verlandeten viele dieser stehenden Gewässer teilweise oder ganz. Daneben gibt es als Sonderformen Quellmoore, Hangmoore und Durchströmungsmoore.

Für Moor gibt es im Deutschen verschiedene Begriffe. Während man in Norddeutschland Sumpfgebiete auch Fehn, Bruch oder Luch nennt, findet man im Süden häufig die Bezeichnungen Ried, Filzn oder Moos. Wissenschaftlich interessierte Naturfreunde finden Hilfe bei der Deutschen Gesellschaft für Moor- und Torfkunde (www.dgmtev.de).

Nur 3 % der Landfläche sind Moore

Im Vergleich zu Wald, Agrarland, Gebirgen und Wüsten nehmen Moore nur einen relativ geringen Raum ein. Sie bedecken nur 3% der Landfläche der Erde (Wald 30%). Aber sie binden 30% unseres gesamten CO_2-Vorkommens. Insofern haben sie große Bedeutung für Klima und Erderwärmung.

In Russland und Finnland werden immer noch große Torfmengen maschinell abgebaut und als Brennstoff für Kraftwerke verwendet. Die kleinsten Moore sind zugewachsene Tümpel, als größtes Moor gilt das Majugan-Moor in Sibirien mit einer Fläche von über 50.000 km^2 (Land Bayern 70.000 km^2). Hohe Mooranteile haben neben Russland auch Alaska und Kanada. In Deutschland beträgt der Flächenanteil der Moore 4 %, in Bayern sind es 2,3 %. Etwa 99% der ursprünglich vorhandenen Moore gingen in Deutschland durch menschliche Einwirkung (Umwandlung in Agrarland und Torfabbau) verloren (Succow, 2001).

Die Mehlprimel (*Primula farinosa*) kommt vornehmlich auf feuchten, kalkreichen Wiesen der Alpen und des Alpenvorlandes vor. (JZ)

Moorpflanzen ertragen Nässe und Hunger

Moore haben ein recht unterschiedliches Erscheinungsbild: ihre Pflanzendecke kann aus flachen Moosen, aus kniehohen Seggenwiesen oder hohen Schilf-Röhrichten bestehen.

Die Entstehung verschiedener Moortypen und Moorlandschaften wird vor allem beeinflusst vom Wasserangebot, vom Nährstoffgehalt des jeweils vorhandenen Wassers und von dessen Kalkhaltigkeit. Diese und andere Lebensbedingungen sind ausschlaggebend dafür, welche Moorpflanzen und Pflanzengesellschaften in den verschiedenen Moorgebieten gedeihen. Nur relativ wenige Pflanzen-Arten haben sich darauf spezialisiert, ständige Nässe zu ertragen und auch mit wenig Nährstoffen auszukommen.

Verschiedene Moortypen

Noch am besten ernährt sind die Pflanzen der Niedermoore. Sie haben neben Regenwasser Zugang zu Mineralien aus dem Erdboden oder aus Grundwasser. Die Vegetation besteht dort aus dichten

Mit seinen sekretbesetzen zahlreichen Tentakeln lockt der Mittlere Sonnentau (*Drosera intermedia*) Insekten an, die ihm das Überleben auch in extrem nährstoffarmen Torfmoosgebieten ermöglichen. (AS)

hochwüchsigen Pflanzen wie Großseggen, Schilf oder sogar Erlen. Wahre Hungerkünstler sind hingegen die dass Hochmoor dominierenden und charakterisierenden Torfmoose (*Sphagnen*). Sie leben auf meterdicken Torfschichten, die sie völlig vom mineralienreichen festen Boden isolieren. So bleiben Regenwasser und Staub ihre einzigen Nahrungsquellen. Diese Moose haben keine Wurzeln und wachsen ständig nach oben, während ihre unteren Teile absterben. Wegen des Luftabschlusses und des leicht sauren Milieus verrotten die abgestorbenen Pflanzenteile nicht vollständig („Saure-Gurken-Effekt"), sondern bilden nach und nach meterdicke Torfschichten. Der dritte Hauptmoortyp, das Zwischen- oder Übergangsmoor, schließlich beherbergt Pflanzen des Hoch- wie des Niedermoors. Das unterschiedliche Nährstoffangebot in einem Moor ist also die Hauptursache für das Entstehen einer breiten Palette unterschiedlicher Moorpflanzen und Moortypen.

Reis - eine Sumpfpflanze

Zu den Sumpfpflanzen (*Helophyten*) zählen übrigens auch der Kulturreis (*Oriza sativa*) und einige Wildreisarten (Zizania-Arten; von griechisch zizanion = im Wasser wachsend). Für mehr als die Hälfte der Weltbevölkerung stellt Reis das Grundnahrungsmittel dar. Auch in kleinen Überflutungsmooren der Innauen findet man eine geschützte Wildreisart (*Leersia oryzoides*), die auch im übrigen Europa, in Nordamerika und Asien vorkommt.

Der Verlandungsprozess

Stehende Gewässer verlanden, indem sich an deren Grund immer mehr Mudde (Schlamm) aus feinsten abgestorbenen Pflanzenteilen ansammelt. Im weiteren Verlauf rücken vom Rande her immer mehr Uferpflanzen vor. Das so entstehende Nieder- oder Flachmoor zeichnet sich durch Nährstoffreichtum (*eutroph*) und Artenvielfalt aus. Je mehr sich die lebende Pflanzendecke vom Mineralboden durch Torfbildung entfernt, um so mehr wird eine mittlere Nährstoffversorgung (*mesotroph*) erreicht, was wiederum für ein Zwischen- oder Übergangsmoor typisch ist. Im letzten Stadium isolieren dicke Torfschichten die obenauf wachsenden Moorpflanzen weitestgehend vom Mineralboden; das Hochmoor ist nährstoffarm (*oligotroph*), weil sich deren Bewohner hauptsächlich vom Regenwasser ernähren müssen.

Aus Moor mach Land

Große Moorflächen blieben noch im Mittelalter in Deutschland menschenleere Wildnisse. Erst im 18. Jahrhundert begann man ausgehend von den Niederlanden Moore mittels Gräben, Rohrdrainagen und Kanälen zu entwässern und in Weide- und Ackerland umzuwandeln. Knechten und Mägden wurde die Möglichkeit gegeben, auf dem urbar gemachten Land selbständig zu werden und kleine Bauernhöfe einzurichten (Moor-Kolonisierung). Friedrich der Große ließ beispielsweise 2500 km² des Oder-, Warthe- und Netzebruchs entwässern und kultivieren. Das entspricht der fünffachen Fläche des Bodensees. Er

Das ziemlich seltene (Rote Liste Deutschland) Fleischrote Knabenkraut (*Dactylorhiza incarnata*) bevorzugt feuchte Sumpfwiesen. (ML)

nannte das „im Frieden gewonnene Provinzen".

In Bayern gab es bereits 1780 einen kurfürstlichen Erlaß, der alle Moorlandbesitzer verpflichtete, ihre Flächen in Wiesen und Äcker umzuwandeln. Übrigens begann man schon in der Antike damit, Sümpfe trocken zu legen. Die bekannteste Moorumwandlung war die Trockenlegung eines Sumpfes in Rom durch die Cloaca Maxima (lat. „größter Abwasserkanal"). Dort entstand das Forum Romanum.

Zu 90 % vernichtet

Durch ständig wachsende Bevölkerung entstand in der Neuzeit überall großer Landhunger. Denn eine Steigerung der landwirtschaftlichen Produktion durch Mineraldünger, bessere Bodenbearbeitung und ertragreichere Feldfrüchte waren noch unbekannt. Diese staatlich verordnete und geförderte Umwandlung von Mooren in landwirtschaftliche Nutzflächen hat in den letzten hundert Jahren etwa 90% der Moorflächen in Bayern zerstört. In der Gegenwart werden Moore in Deutschland nicht mehr „kultiviert".

Energiequelle Torf

Neben der Landgewinnung war der Abbau von Torf als Brennmaterial eine weitere wichtige Moornutzung. Erste Spuren von Torf-Gewinnung fanden sich in Europa schon vor etwa 4000 Jahren. Torf wurde später auch zum Erschmelzen von Bronze eingesetzt. Doch erst mit dem Beginn der Industrialisierung im 19. Jahrhundert wurde Torf in größerem Umfang als billige Alternative zu Holz und Kohle als Brennmaterial verwendet. Auf dem Lande besaßen in Oberbayern selbst Häusler oft eine kleine „Filzn" (Mundart-Ausdruck für einen Torfstich) aus der man im Sommer eigenhändig Moorziegeln stach und anschließend auf „Manderln" trocknete. Heute werden in Deutschland jährlich nur noch etwa 10 Mio. m³ Torf großteils importiert und hauptsächlich im Gartenbau verwendet. In Bayern ist der Torfabbau zum Stillstand gekommen.

Historische Nutzungen und Veränderungen

Moor und See liegen nicht in der unbesiedelten sibirischen Taiga, sondern in einer intensiv genutzten Agrar- und Kulturlandschaft, deren landwirtschaftliche Nutzung Jahrtausende zurückreicht.

Nur etwa 800 m westlich vom Burger Moos wurden am Dobler Graben bei Haidbichl eine jungsteinzeitliche Siedlung (etwa 3.000 v.Chr.) der Chamer Kultur entdeckt. Gefunden wurden dort Gefäße und Wirteln (Gewichte zum Fadenspannen in einem Webrahmen) aus Ton. Dies belegt den sehr frühen Beginn einer Besiedlung.

Die berühmte Römerstraße von Augsburg nach Salzburg (Via Julia) führte von der Innbrücke (Pons Aeni) bei Mühltal nur etwa 500 m vom Burger Moos entfernt nach Bedaium (Seebruck). Viele Römerfunde in der Umgebung (Moosen, Haidbichl, Zaisering, Obernburg, Prutting) weisen auf eine hoch entwickelte Kulturlandschaft in den Jahrhunderten nach Christi Geburt hin. (Fundstücke wie Stein- und Bronzebeile sowie Tongefäße in der Archäologischen Staatssammlung, München).

Im komplexen Wasserversorgungssystem zwischen Hofstätter und Rinser See führt dieser Graben bei hohen Wasserständen dem tiefer liegenden Rinser See Wasser aus dem Hofstätter See zu. (AG)

Eine See-Absenkung und ihre Folgen

Zwischen 1817 und 1882 ergab sich durch Ausbau der See-Abflußgräben eine Absenkung des Seespiegels des Rinser Sees um 1,5 m. (Ursprünglich waren die Seespiegel der beiden Seen ziemlich gleich hoch, und man konnte mit dem Kahn zwischen den Seen hin- und herfahren.) Der Wasserspiegel des Hofstätter Sees verringerte sich dagegen nur unwesentlich. Die Seeabsenkung verstärkte auch das Gefälle zwischen West- und Ostbecken des Burger Mooses. Da nunmehr zeitweise mehr Oberflächenwasser ins östliche Burger Moos abfloss, bildeten sich Fließschlenken, in denen man heute noch nach starkem Regen eine Wasserbewegung beobachten kann.

Streu für die Kuhställe

See-Absenkungen waren im 19. Jahrhundert gang und gäbe. Mit steigendem Viehbestand und Einführung der Stallfütterung benötigte man immer mehr Einstreu. Durch Entwässerung wurden Flachseen zu seggen- und schilfbestandenen Streuflächen umgewandelt und die bereits vorhandenen Ufermoore wurden für die Streugewinnung leichter zugänglich. Zu einem guten Bauernhof gehörten auch ein paar Tagwerk Streuwiesen. Um 1900 wurden für Streuflächen sogar höhere Preise bezahlt als für Futterwiesen. So drang die Nutzung auch in sehr nasse, kaum betretbare Moore vor. Notfalls schnallten sich die Streumäher sogar kleine Bretter an die Füße, um nicht zu sehr einzusinken. Bis in die 1960er Jahre wurde vor allem im Westen und Südosten des Burger Mooses (z.B. im Vorfeld des Beobachtungssturms) sowie im Südabschnitt des Moorsteges, zwischen August und Oktober Streu gemäht. In den Zwischen- und Hochmoorbereichen gewann man Moosstreu („Mias") mit einer speziellen Moorsense, dem „Miaspickel".

Die Streu- und Moosvorräte wurden im Winter auf gefrorenem Moorboden mit Schlaipfen (schlittenartige Holzgestelle) herausgezogen. Und noch vor dem Miaspickeln hat man die einst wesentlich ausgedehnteren Latschen-Gebüsche bis auf wenige Reste „geschwendet" (abgebrannt). Auf den früheren Miaspickelflächen breiteten sich Moorbärlapp (*Lepidotis inundata*) sowie Massenbestände des Mittleren Sonnentaues (*Drosera intermedia*) und des Braunen Schnabelrieds (*Rhynchospora fusca*) aus.

Rückumwandlung der Streuwiesen

Die Streunutzung endete um 1970. Damals wurden die letzten Ställe auf Schwemmentmistung (Güllewirtschaft) umgerüstet. Die schön geflochtenen Misthaufen verschwanden. Mit der Rückumwandlung der Streuwiesen zu Moorbrachen (Brachfallen) verschwanden allerdings auch viele auf diese Kulturflächen spezialisierten attraktive Pflanzen und Tiere, wie zum Beispiel Lungenenzian, Schwalbenwurz-Enzian, Färberscharte, Mehlprimel, Fleischfarbenes-, Blassgelbes- und Mai-Knabenkraut, Braunes Schnabelried, Weiße Sumpfwurz, Niedrige Schwarzwurzel, Gemeines Fettkraut, Zweihäusige Segge, Moor-Glanzstendel, Wiesenpieper und Abbiss-Scheckenfalter. Andere Arten wie das Glanz-Torfmoos (*Sphagnum subnitens*) und Wurziges Torfmoos (*Spagnum papillosum*) profitierten hingegen vom Nutzungsende. Meist überwuchsen Hochmoordecken die Streuflächen. Diese Moorteile waren nun blütenärmer.

Ein Versuch Torf zu stechen

In der Brennstoffnot nach dem ersten Weltkrieg versuchte man auch im Burger Moos Torf zu gewinnen. Da sich der Wasserspiegel im Moos wegen der Seenähe nicht absenken ließ, behalf man sich damit, Torfgruben nur notdürftig mit hölzernen Spundwänden einigermaßen wasserfrei zu halten. Sie liefen jedoch innerhalb weniger Stunden immer wieder voll. Am Südwest- und Nordwestrand des Mooses sind sie heute mit Schilf, Bruch- und Moorwald völlig überwachsen und kaum noch auszumachen.

Für den Abtransport von Torf und Streu mit dem Kahn wurde in den 1920er Jahren ein langer Randgraben unterhalb des Weilers Hofstätt gezogen, der in den großen Moorgraben führt und schließlich im See mündet. Mehrere alte Gräben sind heute nur noch an heckenartigen Gehölzen erkennbar. Im ganzen lässt sich feststellen, dass die früheren Nutzungen des Burger Mooses dieses Moorgebiet nur relativ wenig beinträchtigt haben und dass es sich inzwischen weitestgehend selbst „renaturiert" hat. So wird es zu Recht als eines der besterhaltenen Moore Bayerns eingestuft.

Die Moortypen

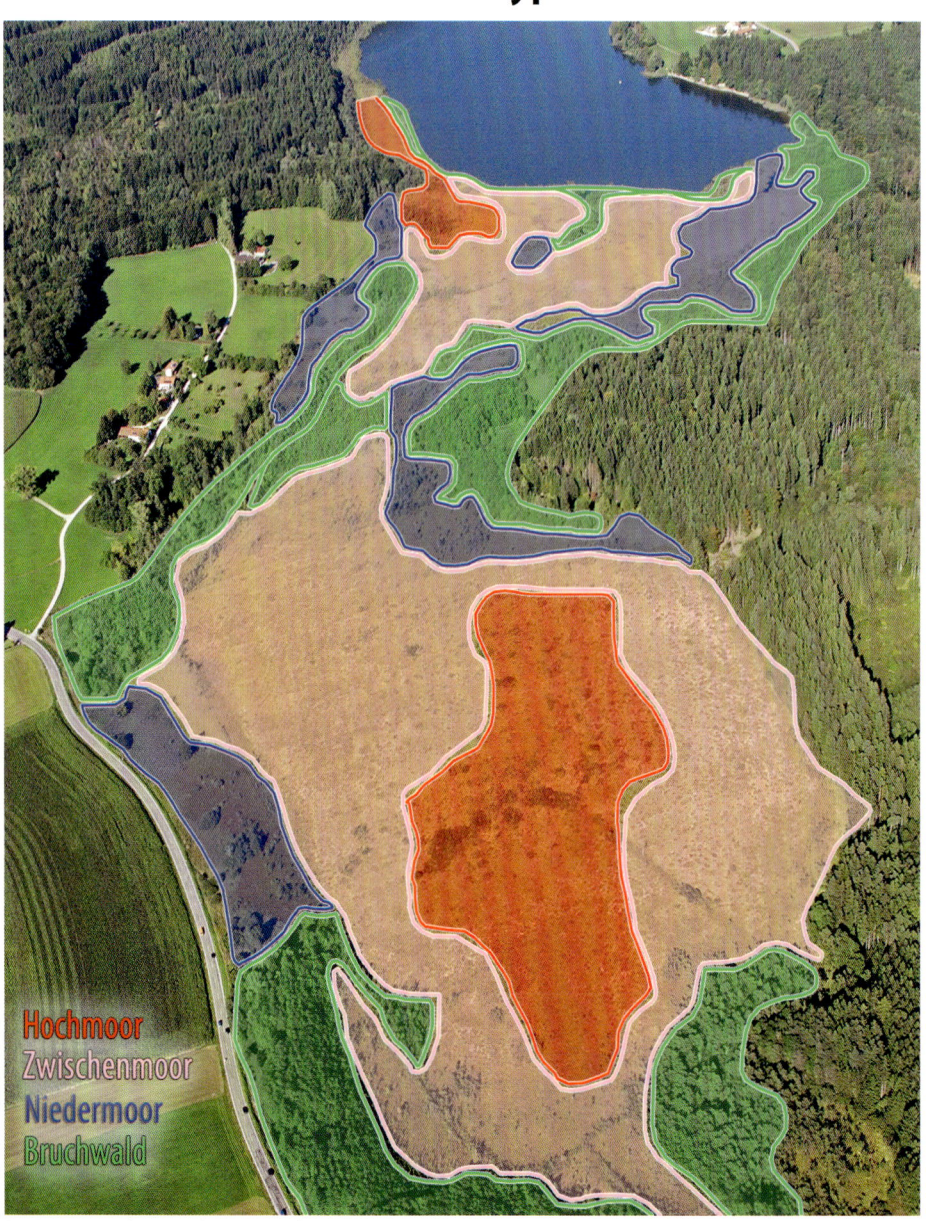

Hochmoor
Zwischenmoor
Niedermoor
Bruchwald

Das Burger Moos bietet ein buntes Mosaik recht unterschiedlicher Moortypen. Ganz ungewöhnlich ist sein hoher Anteil des besonders arten- und raritätenreichen Zwischenmoores. (AR/JZ)

Niedermoor-Teil mit Seggen- und Schilfbestand (AG)

Das Niedermoor

Das Niedermoor – gut ernährt und artenreich

Das optische Erscheinungsbild von Niedermoorgebieten ist durch *eine bunte Vielfalt* von dichten und eher hochwüchsigen Moorpflanzenbeständen gekennzeichnet.

Das reicht von niedrigen Sauergräsern, über wogendes Röhricht bis zu hohen Erlenbäumen. Häufig dominieren Groß- ist an der Fläche des Burger Mooses nur mit 15 % beteiligt. Auch ein Zeichen dafür, dass das Burger Moos ganz überwiegend schon relativ alt ist. Den Niedermoorteilen Bruchwald, Röhricht und Seggenriede haben wir eigene Kapitel gewidmet.

Kleinseggenriede sind meist torfmoosreiche Pflanzengesellschaften, in denen niedrige Carex-Arten dominieren. (JZ)

seggenriede. Nicht selten sind auch zweischichtige niedrige Seggen- und Braunmoos-Gesellschaften anzutreffen.

Grund für die üppige Vielfalt und den Artenreichtum des Niedermoores ist seine gute bis sehr gute Versorgung mit mineralstoffreichem See- und Grundwasser, das durch zahlreiche Quellaustritte einströmt. Es ist also *nährstoffreich* mit einem hohen Stickstoffangebot und wird deshalb auch als Reichmoor bezeichnet.

In der zeitlichen Entstehung der Moorarten steht das Niedermoor am Anfang, das Hochmoor – nach Jahrtausende langem Torfaufbau – am Ende. Dieses junge Moor

Das Moor, das in den See wächst

Niedermoorflächen finden sich entlang der im Westen vorbei führenden Staatsstraße Rosenheim-Wasserburg, im ganzen Randbereich des Burger Mooses, im Vorfeld des Beobachtungsturms, im Bereich des Moorstegs und natürlich nahe des Ufers des Hofstätter Sees. Denn das Niedermoor ist auch das *Moor der Verlandung*. Sie beginnt mit den im See stehenden Wasserpflanzen (Laichkräuter, Schwimmblattpflanzen, Binsen und Schilf), setzt sich fort mit Uferpflanzen wie vor allem Großseggen, z.B. Steife Segge (*Carex elata*), und endet mit der schrittwei-

Großseggen können – ähnlich dem Schilf – auch im flachen Wasser stehen und Ufer-Horste bilden. Sie gehören deshalb zu den Pionierpflanzen der Verlandung. (JZ)

Die Steife Segge (*Carex elata*) ist auch im Bruchwald anzutreffen. (AG)

sen Entstehung auch von Zwischen- und Hochmooren.

Am Westrand des Burger Mooses strömte in den letzten Jahrzehnten nährstoff-angereichertes Regenwasser aus den landwirtschaftlich genutzten Flächen ein und förderte das Vordringen von Gebüschen und Bäumen (Verbuschung und Verwaldung).

Die Charakterpflanzen

Als botanische „Aushängeschilder" des Niedermoors fungieren Orchideen wie das Traunsteiners Knabenkraut (*Dactylorhiza traunsteineri*) und das Breitblättrige Knabenkraut (*Dactylorhiza majalis*), die rosarote Mehlprimel (*Primula farinosa*) im Mai und der blaue Lungenenzian (*Gentiana pneumonanthe*) im Hochsommer. Wo der Quellwasserandrang etwas geringer ist und der Flachmoortorf zeitweise austrocknet, breiten sich Kalk-Pfeifengraswiesen mit Schwalbenwurz-Enzian (*Gentiana asclepiadea*) und Heilziest (*Betonica officinalis*) aus.

Traunsteiners Knabenkraut (*Dactylhoriza Traunsteinerii*) ist nach einem Tiroler Apotheker benannt. (ML)

Das Breitblättrige Knabenkraut (*Dactylhoriza majalis*) bevorzugt Feuchtwiesen. (ML)

Der Lungenenzian (*Gentiana pneumonthe*) war früher häufig auf nährstoffarmen Feuchtwiesen anzutreffen. (JZ)

wissenswert ...

Moore in der Literatur

Arthur Conan Doyle hat das schaurig-nebelige Dartmoor im Südwesten Englands durch seinen geisterhaften „Hound of Baskerville" weltberühmt gemacht. Seinen Meisterdetektiv Sherlock Holms lässt er sagen: „Ich kann Ihnen versichern, dass eine wahre Todesangst in der ganzen Gegend herrscht und dass kaum jemand wagt, bei Nacht über das Moor zu gehen."

Auch in der deutschen Literatur diente das Moor hin und wieder als *Kulisse* für

Das Dartmoor im Südwesten Englands ist durch Doyles „Hound of Baskerville" weltberühmt geworden. (PCa)

mystisch-geisterhaftes und unheimliches Geschehen. In der Poesie ist hier allen voran das Gedicht vom „Knaben im Moor" von Droste-Hülshoff zu nennen mit seiner Anfangszeile „O schaurig ists übers Moor zu gehn". Auch viele Erzählungen renommierter Schriftsteller wie Wilhelm Busch, Paul Heyse und Hermann Löns (allein 17!) spielen in den moorreichen Sumpflandschaften Norddeutschlands.

Fast unübersehbar sind jedoch die *Landschaftsbeschreibungen* von Mooren durch Autoren wie Wilhelm Busch, Theodor Fontane, Paul Heyse, Hermann Löns und Rainer Maria Rilke. Romantisch-verklärend beschreibt der Botaniker August Grisebach ein Regenmoor: „Es war eine endlose Weite, in der kein Gegenstand sich über Kniehöhe erhob und die Horizontlinie weithin durch das Moor selbst gezirkelt wurde. Sammetgrüne, olivfarbene, rostbraune und blutrote Moospolster bilden das farbenprächtige Muster des weichen schwellenden Teppichs, über den der Fuß auf die Dauer nur mühsam zu schreiten vermochte und mit jedem Schritt Wasser aus dem saugenden Riesenschwamm herauspresste. Es war eine Landschaft, in der Erhabenheit und Schönheit mit dem Grauen einer trostlosen Öde dicht nebeneinander wohnten."

Neben solchen dichterischen Lobgesängen auf die herbe Schönheit von Mooren gibt es auch bemerkenswerte sachliche Schilderungen von Kanalbauten zur Entwässerung von Moorflächen als Voraussetzung für den Torfabbau oder zur Umwandlung in Ackerland. Selbst Rilke war sich nicht zu schade, das beschwerliche Leben der Moorbauern darzustellen: „Im Frühling, wenn das Torfmachen beginnt, erheben sie sich mit dem Hellwerden und bringen den ganzen Tag, von Nässe triefend, durch die Mimikry ihrer schwarzen, schlammigen Kleidung dem Moore angepasst, in der Tongrube zu, aus dem sie die bleischwere Moorerde emporschaufeln. Im Sommer, während sie mit den Getreide- und Heuernten beschäftigt sind, trocknet der fertig bereitete Torf, den sie im Herbst auf Kähnen und Wagen in die Stadt fahren. Auf dem schwarzen Wasser des Kanals wartet beladen das Boot, und dann fahren sie ernst wie mit Särgen auf den Morgen und auf die Stadt zu, die beide nicht kommen wollen."

Der Knabe im Moor

O schaurig ists übers Moor zu gehn,
wenn es wimmelt vom Heiderauche,
sich wie Phantome die Dünste drehn
und die Ranke häkelt am Strauche,
unter jedem Tritte ein Quellchen springt,
wenn aus der Spalte es zischt und singt,
o schaurig ists, übers Moor zu gehn,
wenn das Röhricht knistert im Hauche!

Fest hält die Fibel das zitternde Kind
und rennt, als ob man es jage;
hohl über die Fläche sauset der Wind
was raschelt drüben am Hage?
Das ist der gespenstische Gräberknecht,
der dem Meister die besten Torfe verzecht;
hu, hu, es bricht wie ein irres Rind!
Hinducket das Knäblein zage.

Vom Ufer starret Gestumpf hervor,
unheimlich nicket die Föhre,
der Knabe rennt, gespannt das Ohr,
durch Riesenhalme wie Spere;
und wie es rieselt und knittert darin!
Das ist die unselige Spinnerin,
das ist die gebannte Spinnlenor,
die den Haspel dreht im Geröhre!

Voran, voran! nur immer im Lauf,
voran, als woll es ihn holen;
Vor seinem Fuße brodelt es auf,
es pfeift ihm unter den Sohlen
wie eine gespenstige Melodei . . .
Das ist der Geigemann ungetreu!
das ist der diebische Fiedler Knauf,
der den Hochzeitheller gestohlen!

Da birst das Moor, ein Seufzer geht
hervor aus der klaffenden Höhle;
weh, weh, da ruft die verdammte Margret:
„Ho, ho, meine arme Seele!"
Der Knabe springt wie ein wundes Reh;
wär nicht Schutzengel in seiner Näh,
seine bleichenden Knöchelchen fände spät
ein Gräber im Moorgeschwele.

Da mählich gründet der Boden sich,
und drüben, neben der Weide,
die Lampe flimmert so heimatlich,
der Knabe steht an der Scheide.
Tief atmet er auf, zum Moor zurück
noch immer wirft er den scheuen Blick:
Ja, im Geröhre wars fürchterlich,
o, schaurig wars in der Heide!

Anette von Droste-Hülshoff

Die Libelle

Es flattert um die Quelle
Die wechselnde Libelle,
Mich freut sie lange schon;
Bald dunkel und bald helle,
Wie der Chamäleon,
Bald rot, bald blau,
Bald blau, bald grün.
O daß ich in der Nähe
Doch ihre Farben sähe!
Sie schwirrt und schwebet, rastet nie!
Doch still, sie setzt sich an die Weiden.
Da hab ich sie! Da hab ich sie!

Johann Wolfgang von Goethe

Die Seggenriede

Seggenriede sind Sauergraswiesen

Seggenriede wirken auf den Betrachter wie Wiesen, die aus verschieden hohen und verschiedenartigen, scharfblättrigen Sauergräsern bestehen.

Neben einer dominierenden (großen oder kleinen) Seggenart findet man dort auch mehrere begleitende Arten von Sumpfpflanzen. Die Segge (*Carex*) ist besonders artenreich; weltweit sind etwa 2000 Arten bekannt. Größere Seggenwiesen kommen in Deutschland fast nur noch in geschützten Moorgebieten vor und zählen zu den besonders gefährdeten Biotopen. Sie sind Teile des Niedermoors. Wie in allen Mooren sind auch im Burger Moos die Ränder am mineralstoff- und kalkreichsten, weil dort Grund- und Oberflächenwasser einströmt oder einsickert. Deshalb ist es an vielen Stellen von den eher anspruchsvollen Seggenwiesen umsäumt.

einige Arten wie die Davalls Segge (*Carex davallina*) und die Strickwurzel-Segge (*Carex chordorrhiza*) nach Beendigung

Die seltene Strickwurzelsegge (*Carex chordorrhiza*) hat im Burger Moos die größte zusammenhängende Lokalpopulation im Landkreis. (NEWFS)

der Streunutzung stark zurückgegangen. Die Steife Segge (*Carex elata*) ist die größte und die Flohsegge (*Carex pulicaris*) die kleinste.

Hochwüchsige *Großseggenriede* - bestehend aus Steif-, Schlank- und Blasensegge (*Carex elata, Carex gracilis, Carex versicaria*) - findet man vor allem am Westrand des Burger Mooses auf eher nährstoffreichen Sumpfhumusböden. Mitbewohner sind häufig das Sumpf-Labkraut (*Galium palustre*), der hohe Sumpf-Haarstrang (*Peucedanum palustre*) und das Sumpfblutauge (*Comarum palustre*).

Kleinseggenriede aus Davalls, Hirsen- und Gelbsegge (*Carex daevalliana, Carex*

Die Blasensegge (*Carex vesicaria*) wächst vor allem im Verlandungsbereich des Hofstätter Sees. (JKa)

Viele Seggenarten

Im Burger Moos sind derzeit 19 Seggenarten beheimatet. Allerdings sind

⇐ Ein Seggenried mit verschiedenen Seggenarten. (AG)

panicea, Carex lepidocarpa) sowie Rostrotes Kopfried (*Schoenus ferrugineus, Schoenus nigricans*) besiedeln eher nährstoffarme, aber kalkreiche Grundwasser-Einströmungsbereiche wie sie vor dem Beobachtungsturm am Ostrand und südwestlich der kleinen Plattform des Moorsteges gegeben sind.

Auch viele Begleitpflanzen

Zwischen den Kleinseggen und Kopfbinsen blühen und fruchten Wollgräser (*Eriophorum latifolium* und *Eriophorum*

Die Bestände des geschützten Breitblättrigen Wollgrases gehen fast überall zurück. (JZ)

virosa) und das stattliche Sumpf-Greiskraut (*Senecio paludosus*).

Häufige Mitbewohner sind das Sumpf-Rispengras (*Poa palustris*), das Schwarze Kopfried (*Schoenus nigricans*), die gelbe Blutwurz (*Potentilla erecta*) und der durch seine runden Blätter auffallende

Das Rostrote Kopfried (*Schoenus ferrugineus*) ist in Teilen Deutschlands bereits ausgestorben. (BHa)

angustifolium), mehrere Binsenarten (z.B. *Juncus alpino-articulatus*), Mehlprimeln (*Primula farinosa*), Gemeines Fettkraut (*Pinguicula vulgaris*), Teufelsabbiss (*Succisa pratensis*) und Spatelgreiskraut (*Senecio helenites*).

Typische Begleitpflanzen des Seggenrieds sind ferner Sumpf-Labkraut (*Galium palustre*), Sumpfblutauge (*Comarum palustre*), Blutweiderich (*Lythrum salicaria*), der giftige Wasserschierling (*Cicuta*

Die Larven der Hummelschwebfliege (*Volucella bombylans*) - hier auf einem Sumpfblutauge - leben in Hummelnestern als ungefährliche „Mitesser". (JZ)

Wassernabel (*Hydrocotile vulgaris*). Gelegentlich findet man hier aber auch Süßgräser wie das Blaue Pfeifengras (*Molina coerulea*), dessen Stängel früher zum Pfeifenputzen gebündelt wurden.

Artenreiches Moorgebiet

Am Übergang zum Zwischenmoor gibt es auch saure Flachmoore mit Grau-, Stern- und Braunsegge (*Carex canescens, Carex echinata, Carex nigra*) sowie mit Spitzblütiger Binse (*Juncus acutiflorus*). Diese Moorgebiete am Rande des Burger Mooses und die ehemaligen Streuwiesen zählen zu den artenreichsten Abschnitten des Moores.

Auch die meisten *Orchideen* kommen hier vor, wie zum Beispiel:
- Der seltene Glanzstendel (*Liparis loeselii*), eine kleine gelbgrün blühende Orchidee, europaweit besonders geschützt

Fuchs' Knabenkraut (*Dactylorhiza fuchsi*) (ML)

Der Nektar der Mücken-Händelwurz ist nur Schmetterlingen zugänglich. (ML)

- Der Sumpf-Stendelwurz (*Epipactis palustris*), deren Blüten vergrößert an eine Vanille-Orchidee erinnern
- Der rotblühende Händelwurz (*Gymnadenia conopsea*)
- Die Fleischfarbene Orchis (*Dactylorhiza incarnata*)

Frühere Streuwiesen „renaturierten" sich selbst

Wo sich heute Seggenfelder erstrecken, gab es ursprünglich meist Bruchwälder, die der Mensch meist schon vor Jahr-

Mit ihrem langen Schnabel „erstochern" sich Bekassinen Insekten, Larven, Würmer und Samen, ohne sie zu sehen, aus moorigem Untergrund. (HB)

hunderten rodete, um sie in Streuwiesen umzuwandeln. Mit der Mahd von Seggen- oder Sauergraswiesen gewann man „Einstreu" für die Viehställe. Doch die Einführung der Schwemmentmistung um etwa 1970 machte diese Nutzung überflüssig. Das Nichtmehrmähen der Flachmoorwiesen ließ aus der vorher gleichmäßig niedrigen Vegetation zunächst kleine Seggenbuckel (Horste, Bulte) und wassergefüllte Schlenken entstehen. Im Südwesten drangen – begünstigt durch Nährstoffeinträge aus der Landwirtschaft – sogar Schilf, Weiden und Erlen wieder weit ins Moor vor. Neben Braunmoosen breiteten sich nun auch neue Moosarten, wie z.B. das Glanz-Torfmoos (*Sphagnum subnitens*) aus.

Das Schilf – eine amphibische Vielzweckpflanze

Röhrichte bestehen – im Moor wie im Flachwasser – hauptsächlich aus Schilfplanzen (Phragmites australis).

Im Hofstätter See und im Burger Moos findet man sie an verschiedenen Stellen. Manchmal steht man als Wanderer vor einer hohen dichten Schilfwand – ähnlich wie vor einem Maisfeld. Überblickt man ein Röhricht von einem höheren Standort, erinnert es eher an ein Getreidefeld. Allerdings tragen die einzelnen Halme an der Spitze einen Blütenwedel statt einer Ähre. Im Frühjahr spitzen die hellgrünen Schösslinge des jungen Schilfs aus dem braunen Untergrund, im Sommer wogen die hoch aufgeschossenen Halme mit ihren rotbraunen Blüten-Schöpfen im Wind. Schließlich färbt sich im Herbst das Schilfrohr goldgelb. Schnee und Eis formen im Winter bisweilen bizarre Gebilde aus abgeknickten Halmen.

Schilf ist ein Verlandungspionier

Das Schilf ist die dominierende Pflanze in einem Röhricht. Es ist die größte ein-

Kinder kitzeln sich gerne mit den dekorativen Blüten des Schilfrohrs. (JZ)

heimische Grasart, die bis zu vier Meter hoch wird. Eine weitere Besonderheit sind seine amphibischen Fähigkeiten: es kann sowohl im bis zu zwei Meter tiefen Wasser wie auch auf feuchtem Land gedeihen. Mit seinem häufigen Vordringen vom Moor in

Schilf kann bis zu zwei Meter tief ins Wasser vordringen und ist somit ein Schrittmacher der Verlandung. (AG)

flache Seewasserzonen gehört Schilf auch zu den wichtigen *Verlandungspionieren*.

Eine Pflanzengesellschaft

Röhrichte sind in freier Natur selten reinrassige Monokulturen von Schilfpflanzen, sondern sie sind meist durchmischt mit anderen Moorpflanzen wie der Steifen Segge (*Carex elata*), der Teichbinse (*Schoenoplectus lacustris*), dem Breitblättrigen Rohrkolben (*Typha latifolia*), dem Igelkolben (*Sparganium minimum*) und dem Kalmus (*Aenis calamis*). Biologen fassen sie zusammen unter dem Oberbegriff: Röhrichtpflanzen (*Arundophyten*).

Nur wenige Blütenpflanzen können sich im hohen lichtraubenden Schilfdschungel behaupten. Dazu gehören der Bittersüße Nachtschatten (*Solanum dulcamara*), die attraktive Sumpf-Schwertlilie (*Iris pseudacoris*) und der imposante bis mannshohe

⇐ Schilf im Frühling (AG)

Zungenhahnenfuß (*Ranunculus lingua*), dessen dottergelbe Blüten wohl zu den schönsten seiner Gattung gehören. Nach der klassischen Einteilung der Moortypen sind Röhrichte Bestandteile des Niedermoors. Sie verlangen also eine relativ gute Versorgung mit mineralischen Nährstoffen. Aus abgestorbenen Röhrichtpflanzen entsteht Weißtorf.

Beliebter Brutplatz

Das fast undurchdringlich erscheinende hohe Röhricht bietet Schutz und damit bevorzugten Lebensraum und Brutstätte für viele Vogelarten. Im Burger Moos sind der seltene Rohrsänger (*Acrocephalus paludicola*), die Rohrammer (*Emberiza Schoeniclus*), der Rohrschwirl (*Locustila lusciniodes*), der Teichrohrsänger (*Acrocephalus scirpaceus*) und die Rohrdommel (*Botaurus stellaris*) zu beobachten.

Die Sumpf-Schwertllie gehört zu den Begleitpflanzen des Schilf-Röhricht. (JZ)

Bewegungslos wie ein Pfahl lauert die Rohrdommel oft auch im Schilf auf Beute. (AH)

Als Einstreu einst begehrt

Während sich Moorteile wie Hochmoor oder Bruchwald kaum landwirtschaftlich nutzen ließen, waren die Schilfwiesen im Burger Moos den benachbarten Bauern und Moorbesitzern als Einstreu-

Der laute Gesang der Rohrammer hat zu der Redensart „Schimpfen wie ein Rohrspatz" geführt. (JZ)

wissenswert ...

Das Moor in der Malerei

Moor kommt als Gegenstand der deutschen Landschaftsmalerei neben Heide, Feldern, Wald, Meer und Gebirge eher selten vor. Das liegt zunächst einmal daran, dass Moore hauptsächlich im Norden und am Alpenrand verbreitet sind. Und im 19. Jahrhundert sind Landschaften zunächst ohnehin nicht gefragt, denn die akademische Malerei konzentrierte sich hauptsächlich auf Sagen und Historisches.

Maler im Teufelsmoor

Wenn 1889 einige Maler in Worpswede bei Bremen eine der ersten Künstlerkolonien gründeten, stand wohl die Absicht im Vordergrund, sich – auch nach französischen Vorbildern – vor allem der Natur und der Landschaft zuzuwenden. Die Lage von Worpswede am bekannten und ausgedehnten Teufelsmoor legte es nahe, ihm besondere Aufmerksamkeit zu schenken. Dabei malte man nicht nur Natur pur, sondern bildete ganz realistisch auch Menschengeschaffenes wie Torfstiche, Entwässerungsgräben und Torf transportierende Schiffe ab.

Modersohn, Otto, „Sturm im Moor" (VGBK)

Moorsiedler als Motiv

Selbst eine aus Torfsoden aufgerichtete Hütte, wie sie die ersten armen Siedler errichteten, diente als Motiv. Denn die Knechte und Mägde, denen Moorflächen zugeteilt wurden, hatten es schwer zu überleben. In solchen Darstellungen mag auch eine sozialkritische Anklage gelegen haben. Und gemalt wurde nicht mehr nach vorher angefertigten Skizzen im Atelier, sondern unter freiem Himmel und „nach der Natur".

Zur Gründer-Generation gehörten Ende, Mackensen, Modersohn, Overbeck und Vogeler. Vor allem Mackensen entdeckte die Besonderheiten dieses Moores und ließ sich von seiner Eigenart faszinieren. Obwohl es damals für Frauen im allgemeinen schwer war, Anerkennung zu erringen, setzte sich Paula Modersohn-Becker als bedeutendste durch.

Die Malweiber im Dachauer Moos

Ab 1875 entwickelte sich die Künstlerkolonie Dachau zur zweitbedeutendsten Malervereinigung in Deutschland. Auch hier opponierte man mit der Orientierung auf Natur und Landleben gegen den akademischen Malbetrieb. Adolf Hölzel eröffnete am Rande des Dachauer Mooses eine Malschule und Ludwig Dill gründete den ersten Zusammenschluss. Bald zog es auch bedeutende Maler wie Max Liebermann, Lovis Corinth, Carl Spitzweg und Emil Nolde in diese noch ursprünglich erhaltene Gegend. Und auch im Süden emanzipierten sich immer mehr Frauen; „Malweiber" zogen mit ihren hölzernen Staffeleien gemeinsam ins Moos, um „in freier Natur" ihren künstlerischen Neigungen zu frönen.

Lieferanten für ihre Kuh- und Pferdeställe hoch willkommen. Auch Seggengräser und selbst Torfmoose wurden für diesen Zweck „geerntet". Dieses „Entmoosen"

Die Einführung der einstreulosen Schwemmentmistung führte dazu, dass die meisten Streuwiesen fortan ungemäht blieben. (AG)

nannte man „Abplaggen" und „Miaspickeln". Erst seit Einführung der einstreulosen Schwemm-Entmistung mittels einer gitterüberdeckten Aflußrinne in den 1950er Jahren blieben die Streuwiesen im ganzen Chiemgau wieder unberührt. Diese unbeabsichtigte „Renaturierung" brachte jedoch viele durch die Mahd entstandenen, blühenden Streuwiesen-Biotope zum Verschwinden.

Zum Dachdecken

Während Schilf an Ost- und Nordsee häufig zum Dachdecken (Reetdächer) verwendet wurde, ist das Schilfdach im Alpenvorland schon sehr früh durch Holzschindeln oder Dachplatten abgelöst worden. Vor allem, weil das feste Ziegeldach feuersicherer ist. Schilfplatten werden gelegentlich als organischer Baustoff zur Wärmedämmung eingesetzt. Die Verwendung von Schilf zur Herstellung von Putzträgern ist rückläufig. Als lebende Pflanze wird Schilf vermehrt in biologischen Kläranlagen und zum Schutz von Mooren vor Nährstoffeinträgen eingesetzt.

Am abzweigenden Weg zum Weiler Hofstätt reinigen neuerdings angelegte Schilf-Teiche das von Feldern und von der Staatstraße herunter fließende Wasser vor Eintritt ins Moor.

Künftig Energie aus Schilf?

In Zukunft könnte das Schilf als schnell nachwachsender Rohstoff auf sonst ungenutzten Flächen eine wichtige Rolle bei der klimaschonenden Energiegewinnung einnehmen. Von einem Hektar Schilf lassen sich angeblich bis zu 30 t Bio-Trockenmasse pro Jahr ernten. Man denke nur an die riesigen Schilfvorkommen im Donaudelta, am Plattensee (594 km^2) und am Neusiedler See (285 km^2). In Deutschland,

In der biologischen Kläranlage am Schotterweg zum Weiler Hofstätt dient Schilf zur Vorreinigung des Regenwassers von Straße und Feldern. (AG)

Österreich, Dänemark und in der Schweiz gibt es bereits Versuchs-Kraftwerke, die mit Schilfpellets oder –briketts beheizt werden (Franz Alt, 2011).

Im Wasser stehende Erlen. (AG)

Der Bruchwald

Der Bruchwald - ein Wald mit nassen Füßen

Der Erlenbruchwald des Niedermoors stellt mit seinen hohen Erlenstämmen und großen Weidenbüschen das extreme Gegenteil vom flachen Moosteppich des Hochmoores dar.

Im östlichen Teil des durch das Burger Moos führenden Steges geht man wie in einem grünen Tunnel durch einen wilden Wasserdschungel. Dick bemooste, oft schräg stehende, teils zusammengebrochene Bäume erheben sich aus den schwärzlichen Wasserlachen. Weil die Wurzeln der Bäume im moorigen Grund

Erlenzeisige (*Cardelius spinus*) ernähren sich hauptsächlich von Erlen- und Birkensamen. (AS)

Ein wildes Gestrüpp über stehendem Wasser bilden häufig die Bäume und Sträucher des Bruchwalds. (GJ)

nur wenig Halt finden, stürzen sie oft schon „halberwachsen" um.

Holzgespickter Torf

Die toten Stämme beginnen in der nassen Umgebung schnell zu faulen, verrotten jedoch im nassen Moor mangels Sauerstoff nur unvollkommen. Deshalb enthält der Torf aus dem Erlenbruch auch weiche, meist rotbraune Holzreste. Der Name „Bruchwald" hat übrigens nichts mit zusammenbrechenden Bäumen zu tun. Als „Bruch" wird in großen Teilen von Ost- und Norddeutschland ein Moor- bzw. Sumpfgebiet bezeichnet (Aus mhd. bruoch, Moos, Sumpf).

Forstwirtschaftlich gesehen gilt der Bruchwald als minderwertig. Zwar sind ausgewählte Stämme als teures Furnierholz gefragt. Deren Bergung aus dem

Die Schwarzerle ist die Leitpflanze des Bruchwaldes. Wegen ihrer Unterwasser-Beständigkeit wurde sie für Pfahlgründungen neben Eiche z.B. in Venedig verwendet. (AG)

wissenswert ...

Moore erzählen Geschichte

Da die tieferen Torfschichten Jahrtausende alt sind, reichen die Funde aus Torfstichen in deutschen Mooren bis in die mittlere Steinzeit (etwa 130.000 v. Ch.). Das Besondere der Moorfunde ist jedoch, dass sich wegen des Luftabschlusses und der konservierenden Wirkung des leicht säuerlichen Milieus im Torf auch Relikte aus *organischem Material* wie Bogen, Speere, Werkzeuge und Kleidungsstücke sowie menschliche Leichen oft nahezu perfekt erhalten haben. Da es viel mehr Moore gibt als Gletscher, haben wir auch viel mehr Moor- als Eisfunde.

Ein Haus samt Inhalt

Im Federsee-Moor (bei Bad Buchau in Oberschwaben) fand man zum Beispiel ganze Holzhäuser samt Inhalt nur wenig beschädigt vor. Sie geben uns vielfältigen Aufschluss darüber,

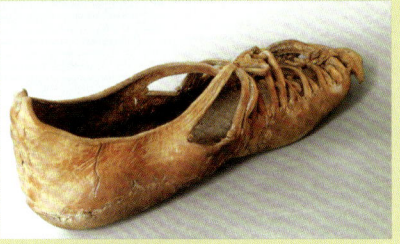

Der bestens erhaltene Bundschuh aus Südmenzenhausen belegt die hervorragende Konservierungskraft des säuerlichen Torfs. (MRe)

wie Menschen zwischen 4.500 bis 850 v. Chr. dort gelebt haben: wie ihre Küchengeräte, ihre Jagdwaffen, ihre Kleidung und ihre Fußbekleidungen ausgesehen haben; auch welche Tiere und welche Getreidesorten ihnen als Nahrung dienten. Sogar Kultstätten, an denen Opfer- und Votivgaben hinterlassen wurden, hat man in Mooren entdeckt.

Was Blütenstaub erzählt

Selbst über die Entwicklung von Klima, Vegetation, Tiervorkommen und Besiedlung in vorgeschichtlichen Epochen (ohne schriftliche Aufzeichnungen) erfahren wir viel aus Moorfunden. Die Arten und die Mengen der im Moor erhaltenen Pollen weisen sogar darauf hin, wie sich die Zusammensetzung der umgebenden Wälder im Laufe von Jahrtausenden verändert hat und wann erste ackerbauende Siedler in deren Nähe aufgetaucht sind.

Aus der Frühzeit sind uns hauptsächlich unverrottbare Objekte aus Stein und Metall (hier ein Bronzebeil) erhalten. Das Torfmoor konservierte aber auch organische Materialien wie Holz, Leder, Webstoffe und sogar Leichen. (SLM)

Jahresringe zur Altersbestimmung

Die hoch entwickelte Dendrochronologie (Altersbestimmung von Gehölzen nach Jahresringen) ermöglicht uns bis zu 12.400 Jahre v.Ch. festzustellen, wie alt ein Holzpfosten oder ein Speerschaft ist. Moore werden deshalb auch als Landschafts-, Natur- und Kulturarchive bezeichnet. Da sich die größten Moorgebiete in Norddeutschland befinden, sind dort auch die meisten Moormuseen zu finden. Besonders reichhaltig und gut gestaltet sind die Moor-Abteilungen des Niedersächsischen Landesmuseums in Hannover und des Staatlichen Museums für Naturkunde und Vorgeschichte in Oldenburg.

Moor ist jedoch mit Traktoren oder Pferden in der Regel schwierig bis unmöglich. So bleiben Bruchwälder meist von menschlichen Einflüssen verschont, naturbelassene Urwälder und Urmoore.

Symbiose zwischen Baum und Pilz

Die sich an ihren Wurzeln haftenden Pilze (*Mykhorrizen*) erleichtern den Erlen die Aufnahme von Stickstoff aus dem Untergrund. (Wiki)

Dieses nasse Milieu verträgt die Schwarzerle (*Alnus glutinosa*) besonders gut. Sie verdankt ihre Wasserunempfindlichkeit vor allem einem an ihren Wurzeln haftenden Pilz (*Mykhorrizen*). In einer klassischen Symbiose (Zusammenleben zum gegenseitigen Vorteil) erleichtern diese Pilze der Erle die Aufnahme von Nährstoffen wie Stickstoff aus dem Untergrund. Die Bäume wiederum revanchieren sich bei ihren Gästen mit Kohlehydraten. Auch Orchideen und Kleinststräucher wie Moosbeere und Rosmarinheide profitieren übrigens von einer solchen Kooperation mit Pilzen. Eine weitere Anpassungsstrategie der

Das Vordringen einer breiten Bruchwald-Zunge (in Bild-Mitte rechts) ist dem über Jahrhunderte wirkende Nährstoff-Eintrag eines meist wasserführenden Baches aus dem östlich gelegenen Sonnenwald zu verdanken. (JZ)

Schwarzerle besteht darin, dass sie ihren Stammfuß mit stelzenartigen Adventivwurzeln aus dem Sumpf heraushebt.

Bäume und Büsche dringen vor

Noch in den 1960er-Jahren waren Weiden- und Erlenbruchwälder nur kleinflächig unterhalb des Weilers Hofstätt im Westen und am Ostende des Sees zu finden. Erst der Nährstoff- und Düngereintrag aus der Umgebung hat sie seit etwa 1970 auch auf frühere Streuwiesen und

Der seltene und daher „besonders geschützte" Kammfarn (*Dryopteris cistata*) bevorzugt Erlenbrüche. (KPe)

Flachmoore einwandern lassen. Heute bedecken sie etwa ein Viertel des Burger Mooses, Tendenz steigend. Aber auch ohne menschliches Zutun können Moore *verbuschen* und *verwalden*. Wer heute auf dem Brettersteg den wilden Baum- und Strauchdschungel durchwandert, tippt auf ein hohes Alter dieser unberührten Wildnis. Tatsächlich befand sich hier noch in den 1960er-Jahren eine gehölzarme, völlig offene Streuwiese.

Gut versorgt und artenreich

Den Unterwuchs des Bruchwaldes bilden im Burger Moos die grünen Horste der Walzen-Segge (*Carex elongata*) und

Der Straußblütige Gilbweiderich ist auch in Röhrichten anzutreffen. (JZ)

der Sumpfsegge (*Carex acutiforma*) sowie die gelbgrünen Wedel des seltenen Kammfarns (*Dryopsteris cristata*). Erwähnenswert sind außerdem die kleinen gelben Blütenballen des Straußblütigen Gilbweiderichs (*Lithrium salicaria*) und der niedrige Sumpf-Lappenfarn (*Thelypteris palustris*). Am Rande wächst das stattliche mannshohe, erst im Sommer blühende Sumpfgreiskraut (*Senecio*

Die schwimmenden Samen der Walzen-Segge breiten sich über die Wasserfläche aus (*Hydrochorie*). (LWo)

paludosus) und die auch am Seeufer häufige gelbe Wasserschwertlilie (*Iris pseudacorus*). Gelegentlich findet man einzelne Büsche der Schwarzen Johannisbeere (*Ribes nigrum*), die im Sumpfwald ihre Urheimat hat. Nach der üblichen Grobeinteilung der Moortypen gehört der Bruchwald zu den Nieder- oder Flachmooren, die durch Kontakt zu festem Untergrund oder zum See sowie durch Quellaufstöße guten Zugang zu mineralischen Nährstoffen haben.

Das Zwischenmoor

Das Zwischenmoor – ein Raritätenkabinett

Leider gibt es im Zwischenmoor keine dominierende Leitpflanze, an der sich dieses Moor leicht erkennen ließe, sondern es stellt vielmehr ein *buntes Mosaik* von kleinen Hochmoorinseln dar, die von Niedermoorflächen umgeben sind.

Deshalb findet man hier häufig nicht weit voneinander entfernt Pflanzen *beider* Moortypen. Es ist ein *besonders artenreicher Moorteil*, in dem auch *viele seltene und bedrohte Pflanzen* beheimatet sind. So könnte man es auch ein Raritätenkabinett nennen. Das Zwischenmoor nimmt etwa 75 % des Burger Mooses ein und ist damit schon flächenmäßig sein wichtigster Moortyp. Dies ist umso bedeutender, als Zwischenmoore in Bayern nur noch 1 % der übrig gebliebenen Moorflächen ausmachen. Es ist *das* Zwischenmoor in Bayern.

Schwimmender Schwingrasen

Eine Besonderheit dieses Zwischenmoors ist ferner, dass sich dort an verschiedenen Stellen *Schwingrasen* finden. Sie bestehen aus einem dichten Geflecht von Schlamm- und Schnabelsegge (*Carex limnosa* und *Carex rostrata*) und Blumenbinse (*Scheuchzeria palustris*), das unter dem Gewicht des Moorwanderers nachgibt („schwingt"), aber ihn meist nicht durchbrechen lässt. Unter dieser Pflanzendecke befindet sich eine Wasserschicht über der darunterliegenden Mudde (Seeschlamm), die aus kleinsten Teilen abgestorbener Pflanzenresten besteht.

Sumpf-Glanzkraut. Diese wohl kleinste, unscheinbare, gelbgrün blühende Orchidee ist biologisch vielleicht der „Star" des Burger Mooses. Sie ist „äußerst selten", „vom Aussterben bedroht" und „streng geschützt". (ML)

Da und dort schon Hochmoor

Zwischenmoor lässt sich vielleicht auch als der Versuch des Hochmoores definieren, an Stellen Fuß zu fassen, die eigentlich noch von „zu viel" mineralstoff- und basenreichem Wasser durchströmt werden. Deshalb kommt das Hochmoor hier auch über die Bildung vieler kleiner Moospölsterchen (Bulte) nicht hinaus. Und es gelingt ihm auch nicht, zu einer geschlossenen Regenmoor-Decke zusammenzuwachsen. Immerhin

⇐ Blick von Moormitte nach Süden (CS)

Mittlerer Sonnentau ist eine typische Zwischenmoor-Pflanze (ML)

vegetieren auf den Minihochmooren oft hunderte kleine Kiefern und Birken. Sie sind meist umgeben von zusammenhängenden Pfützen, den *Schlenken*, die einen eigenen Lebensraum darstellen. Im Zwischenmoor vereinigen sich also ganz verschiedene Pflanzen zu einem komplizierten Miteinander.

Unterschiedliches Nährstoffangebot

Der Grund für das Vorhandensein recht verschiedenartiger Pflanzen auf engem Raum liegt in dem meist kleinräumig unterschiedlichen Nährstoffangebot: dank

Die schwimmfähigen Früchte (Nüßchen) des Sumpfblutauges – hier mit Perlmutterfalter – breiten sich auf der Wasseroberfläche aus. (JZ)

eines nährstoff*reichen* Quellaufstoßes finden wir zum Beispiel einen üppigen Pflanzenhorst des mit scharfzähnigen Blättern ausgerüsteten Schneidrieds (*Cladium mariscus*), aber auch den Fieberklee (*Menyanthes trifolia*), das Sumpfblutauge (*Comarum palustre*) und das schmalblättrige Wollgras (*Eriophorum angustifolium*).

Und nicht allzu weit entfernt müssen sich dagegen Torfmoose mit nährstoff*armem* Regenwasser begnügen, weil dort andere Nährstoffträger fehlen. Hinzu kommen aber auch spezifische Pflanzen des Zwischenmoores wie z.B. der Mittlere Sonnentau (*Drosera intermedia*),

der Mittlere Wasserschlauch (*Utricularia intermedia*) und das Schlangenmoos

Die früher vermutete fiebersenkende Wirkung des Fieberklees konnte nicht nachgewiesen werden. Der Fieberklee gilt in Deutschland als gefährdet und steht und strengem Schutz. (JZ)

(*Scorpidium scorpioides*). Zwischenmoore werden auch Übergangsmoore genannt, weil sie im Verlauf der Jahrtausende

Der Mittlere Wasserschlauch ist mit seinen Fangblasen ein raffinierter Unterwasserjäger. (ML)

umfassenden Moorbildung (Sukzession) ein Übergangsstadium zwischen dem

wissenswert ...
Moor hilft heilen

Das Naturheilmittel Moor besteht aus nassem Torf. Hauptbestandteil sind somit abgestorbene Moorpflanzen, hauptsächlich Torfmoose. Für Bäder und Packungen wird der Naturtorf in Mahlmaschinen von größeren Pflanzenteilen wie Holzstücken befreit. Die deutschen Heilbäder verbrauchen etwa 40.000 t Moor im Jahr.

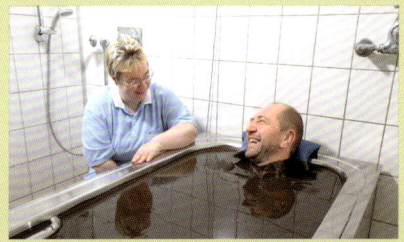

Warme Moorbreibäder werden vor allem von Patienten mit Rücken- und Gelenkproblemen geschätzt. (MWe)

Im 19. Jahrhundert waren Moorbäder sehr in Mode. Zum Beispiel kurten in Bad Kissingen Kaiserin Eilsabeth von Österreich-Ungarn (Sissi) und Zar Alexander II. Man badete in ovalen Holzwannen, die heute wieder für Saunen angeboten werden.

Das warme Moorbreibad hat thermophysikalische, aber auch biochemische Wirkungen aufgrund der im Torf enthaltenen Huminsäure. Angeboten werden gelegentlich auch warme Bäder aus dem feinen Schlamm (Mudde) vom Grund von Moorseen.

Moorheilbäder offerieren mehrtägige bis mehrwöchige Moorkuren unter Anleitung und Überwachung von moorkundigen Ärzten und Therapeuten. In erster Linie werden Patienten aus dem Bereich der Orthopädie (Verschleiß von Bandscheiben und Gelenken, rheumatische Erkrankungen, Reha nach Gelenkersatz) behandelt.

In Fachbüchern werden jedoch über 50 Erkrankungen aufgeführt, die mit Moorbädern therapiert werden können. Adressen von anerkannten Moorheilbädern, von Therapeuten und von Herstellern von Moorprodukten sind im Internet unter www.heilmoor.info oder beim Deutschen Heilbäderverband e.V. info@dhv-berlin.de zu finden.

Heilpflanzen aus dem Moor
- Großer Baldrian (*Valeriana officinalis*)
- Sumpfporst (*Ledum palustre L.*)
- Rundblättriger Sonnentau (*Drosera rotundifoli*)
- Glockenheide (*Erica tetralis L.*)
- Moorbeere (*Vaccinum uliginosum*)
- Echte Kamille (*Chamomilla nobile*)
- Latsche (*Pinus mugo*)
- Heilziest (*Betonica offiinalis*)
- Echte Pefferminze (*Mentha x piperita*)
- Gelbe Teichrose (*Nuphar Lutea*)
- Wasserfenchel (*Oenanthe aquatica*)
- Sumpf-Herzblatt (*Parnassia palustris*)
- Birke (*Betula pendula*)
- Weide (*Salix*)
- Mädesüß (*Filipendula ulmaria*)

Teile der giftigen, geschützten Gelben Teichrose sollen noch in der Homöopathie (Kopfschmerz, Darmkatarrh) verwendet werden. (JZ)

Quelle:
Schönfelder, Der Kosmos-Heilpflanzenführer

Die früher weit verbreitete Sumpf-Dotterblume (Caltha palustris) bevorzugt halbschattige Freiflächen. (AG)

Verlandungspionier Niedermoor und dem Endstadium Hochmoor bilden.

Verschiedene Fleischfresser

Die Pflanzendecke des Zwischenmoors wird immer wieder unterbrochen durch netzartig zusammenhängende Wasserlachen (**Schlenken**) mit einer wiederum eigenartigen Flora und Fauna. Da gibt es zum Beispiel als Karnivoren (Fleischfresser) den Dunkelgelben Wasserschlauch (*Utricularia stygia*) mit seinen löwenmaulartigen Blüten, der unter der Wasseroberfläche mit Fangblasen nach dem Saugfallenprinzip Wasserflöhe, Räder- und Wimpertierchen sowie Mückenlarven jagt. Das geschieht mit selbsterzeugtem Unterdruck und Berührungssensoren sowie dem schnellsten Schnappmechanismus des Pflanzenreiches.

Die Schlenken beherbergen vor allem eine große Vielfalt von pflanzlichem und tierischem Plankton, von Lauf- und Schwimmkäfern, von Libellenlarven, Köcherfliegen und Schnecken. Hervorzuheben ist die Sumpf-Weichorchis (*Hammerbya paludosa*) und als Pfützenrandbewohner der Zwergigelkolben (*Sparganium minimum*).

Eiszeitrelikte und Raritäten

Nirgendwo im Inn-Chiemsee-Vorland finden sich so viele Eiszeitrelikte und gefährdete Moorpflanzen auf engem Raum: Zum Beispiel die Schlammsegge (*Carex limosa*), die Heidelbeerweide (*Salix myrtilloides*) und das Schlanke Wollgras (*Eriophorum gracile*), die Strauchbirke (*Betula humilis*), das Firnisglänzende Sichelmoos (*Hamatocaulis vernicosus*).

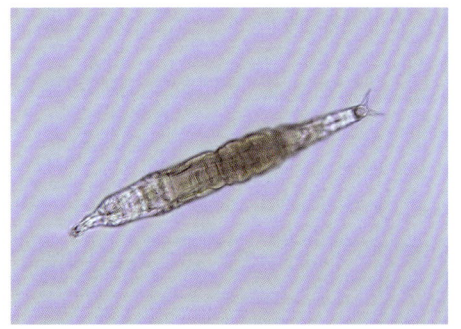

Rädertiere (*Rotatorien*) sind die wichtigsten mehrzelligen Mikrozooplankter in Schlenken. (WvE)

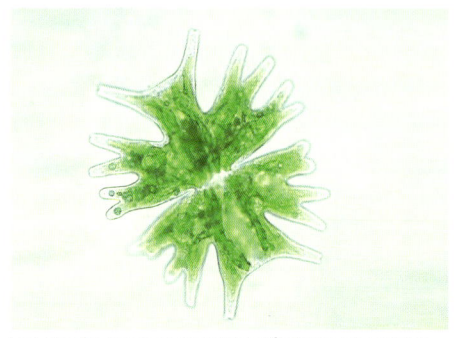

Vertreter der Zieralgen (*Desmidiales*) findet man hauptsächlich in Moorgewässern. (AH)

Die auf Torfschlammboden gedeihende, gefährdete Schlammsegge ist ein Eiszeitrelikt. (JZ)

Der bunte Moosteppich des Hochmoors ist meist auch belebt durch Bulten, Schlenken, Heidekrautbüsche und Latschenkiefern. (CS)

Das Hochmoor

Das Hochmoor - ein bunter Moosteppich

Eine unversperrte Sicht über einen hellgrünen bis rötlichen Teppich aus Torfmoosen bieten vor allem die im Zentralbereich des Westbeckens gelegenen Hochmoorpartien.

Erst auf den zweiten Blick entdeckt man dort auch einige dunkle Latschenkiefern-Bestände, Zwergsträucher wie Heidekrautgewächse und schneeweiße Wollgrasköpfe. Das Hochmoor nimmt nur etwa 10 % des Burger Mooses ein.

Torfmoose haben keine Wurzeln. Sie leben von den Mineralien, die im Regenwasser enthalten sind. Das Wasser saugen sie mit ihren Blättern auf. (JZ)

Für den Laien unterscheiden sich die 25 im Burger Moos vorkommenden Torfmoosarten vor allem durch ihre Farbe, sie reicht von leuchtendem Gelb, über zartem bis dunklem Grün bis zu kräftigem Rot. (JZ)

Torfmoose dominieren

Baumeister des Hochmoores sind die Torfmoose, die nach oben unaufhörlich weiterwachsen, unten aber absterben und vertorfen, ohne Wurzeln zu bilden. So hebt sich die Mooroberfläche stetig. Trotzdem ist hier die hochmoortypische uhrglasförmige Aufwölbung der Moorfläche (die den Namen „Hochmoor" begründet) kaum zu erkennen. Das mag am Druck des nachwachsenden Filz auf die tieferen, sehr weichen Torfschichten liegen und am jahrhundertelangen „Abraspeln" von Moos durch Bauern zur

Streugewinnung („Miaspickeln"). Hochmoore sind keinesfalls – wie oft fälschlicherweise vermutet - an höheren Orten gelegene Moore. Torfmoose sind auch die Haupttorfbildner des Hochmoors.

Vom Regen leben

Die im Laufe von Jahrtausenden immer dicker werdenden Torfschichten isolierten die lebende Pflanzendecke immer mehr vom nährstoffreichen Mineralboden. Im Burger Moos ist die Torfschicht bis zu 10 m tief. Die Artenarmut des Hochmoors erklärt sich vor allem aus seinem *Nährstoffmangel*. Der Luftabschluss durch den ständigen Wasserüberschuss und das saure Milieu (ph-Wert zwischen 3 und 4) verhindern die vollständige Verrottung der abgestorbenen Pflanzenreste durch Bakterien und Pilze.

Solchen Extrembedingungen widerstehen nur wenige „Hungerkünstler" mit besonderen Strategien. Hochmoorpflanzen müssen fast ausschließlich von den im Regenwasser enthaltenen Nährstoffen leben. Sie sind „ombrotroph" (vom Regen ernährt). Daher kommt auch die oft verwendete Bezeichnung Regenmoor.

Bäuerlicher Handtorfstich in einem Hochmoor. (KG)

Torfmoospflanzen können aus großen aufgenommenen Wassermengen (ein vollgesogener Torfmoos - „Schwamm" ist 20 mal schwerer als ein trockener!) geringste Nährstoffmengen herausfiltern und durch Verdunstung verdichten. Eine zweite Nahrungsquelle sind die aus der Luft (Staub) eingetragenen Mineralsalze.

Vereinfachter Geländeschnitt durch das Burger Moos

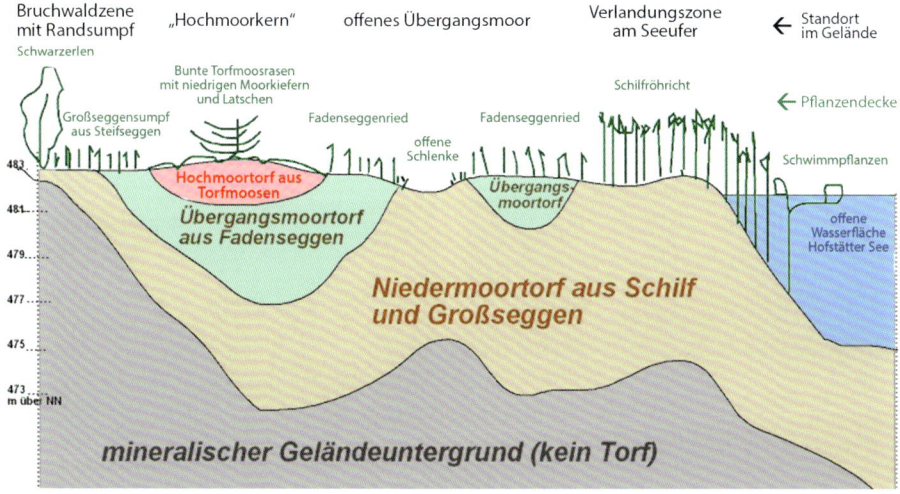

Geländeschnitt des Burger Moos (CS)

Im Durchschnitt wachsen Hochmoore nur um etwa 1 mm im Jahr - in tausend Jahren etwa um einen Meter.

Büsche von Latschenkiefern bringen mit ihrem kräftigen Grün eine willkommene Unterbrechung in die sonst eher eintönig- flache Hochmoorlandschaft. (ML)

Das Hochmoor enthält nur sechs von insgesamt 25 im Burger Moos vorkommenden Torfmoos-Arten. Selbst im schattenspendenden Röhricht finden sich Torfmoose, die bei besserer Ernährung mit weniger Licht auskommen.

Getrocknetes Torfmoos war früher eine

Scheidiges Wollgras (*Eriophorum vaginatum*). (ML)

begehrte „Einstreu" für die Ställe und man stopfte auch Hohlwände und Ritzen damit aus.

Weitere typische Hochmoor-Bewohner sind: Scheidiges Wollgras (*Eriophorum vaginatum*), Schnabelried (*Rhynchospora alba*), Moosbeere (*Oxycoccus palustris*), Besenheide (*Calluna vulgaris*), Rosmarinheide (*Andromeda polifolia*), Latschenkiefer (*Pinus mugo*), an manchen Stellen auch Moorwachtelweizen (*Melampyrum paludosum*), Blumenbinse (*Scheuchzeria palustris*) und Armblütige Segge (*Carex pauciflora*).

In der Not: Insekten fangen

Der Rundblättrige Sonnentau (*Drosera rotundifoliea*) hat an seinen bis zu 25 Stielen Fangblätter mit bis zu 200 Tentakeln. (JZ)

Höheren Pflanzen gelingt das Leben im nährstoffarmen Hochmoor nur mit besonderen Überlebensstrategien. Der Rundblättrige Sonnentau (*Drosera rotifolia*) hält an vielen Tentakeln verführerisch

Die Rosmarinheide gehört zu den das Hochmoor charakterisierenden Zwergsträuchern. (JZ)

glänzende Leimtröpfchen in die Sonne, die kleine Insekten anziehen, festhalten und mit Enzymen verdauen. Hat er seine Tentakeln nach dem „Beutezug" wieder ausgerollt, so „tut er ganz unschuldig", als sei nichts gewesen. Nur einige winzige dunkle Insektenreste erinnern noch an die „Heimtücke" dieses Pflänzchens.

Ein Nahrungsbeschaffer

Auf ganz andere Weise „überlisten" Heidekrautgewächse wie die Besenheide (*Calluna vulgaris*) die Nährstoffarmut. Pilzfäden in ihren Wurzeln (*Mykorrhizen*) extrahieren Mineralstoffe wie Stickstoff und Phosphate aus Boden und Wasser und stellen sie ihren Wirten zur Verfügung. Die Zwergsträucher revanchieren sich beim Pilz mit Kohlehydraten.

Ein weiterer Vertreter der Torfmoos-Gesellschaften ist die Rasenbinse (*Trichophorum cespitosum*). Auf Bulten finden sich auch die gewöhnliche Heidelbeere (*Vaccinum myrtillus*). Schließlich ist noch erwähnenswert das kleinste Sträuchlein im Hochmoor: der seltene weißblühende Sumpfporst (*Ledum palustre*).

Bäume scheitern oft im Moor

Natürlich werden auch die Samen verschiedener Baumarten ins Hochmoor geweht und beginnen dort auszutreiben. Aber schon nach einigen Jahren verhungern die meisten Birken und Bergkiefern (*Pinus mugo*) und bleiben als abgestorbene Baumruinen mit ihren rindenlosen

---

> *wissenswert ...*
> ## Die Pollenanalyse
>
> **Was Blütenstaub verraten kann**
>
> In allen Mooren erhält sich der Pollen (Blütenstaub) meist jahrtausendlang. Deshalb lassen sich durch mikroskopische Untersuchung der in den verschiedenen Torfschichten enthaltenen Pollen Aussagen über die Zusammensetzung der moorumgebenden Pflanzen wie Bäume und Gräser zu unterschiedlichen Zeitpunkten machen. Ein sich über Jahrhunderte erstreckendes Pollendiagramm zeigt beispielsweise, dass in der Nähe des Burger Mooses vor 7000 bis 8000 Jahren Hasel (28 %), Kiefer (25 %), Moorbirke (17 %), Eiche (7 %), Schwarzerle (7 %) und Bergulme (6 %) vorkamen (Siuda, Ringler, 2006). Veränderungen in der Zusammensetzung der Baumbestände im Zeitverlauf ergeben auch Hinweise auf klimatische Veränderungen. Das erste Auftauchen von Getreidepollen gibt präzisen Aufschluß darüber, wann ackerbauende Menschen ein Gebiet besiedelten. Mit einer Sporenanalyse kann man sogar feststellen, ob die Herkunftsangabe auf dem Etikett eines Honigglases zutreffend ist; denn Honig aus Argentinien hat einen ganz anderen Mix an Sporen als einer aus Südtirol. Viel wichtiger ist natürlich der Nutzen der Pollenanalyse in der Kriminalistik. Denn oft verraten die an einem Beweisstück oder einem Opfer haftenden Pollen, in welchem Gebiet es zum Tatzeitpunkt gelegen haben muss. (Literatur: Hans-Jürgen Beug, Leitfaden der Pollenbestimmung, 2004)

Bergkiefersamen landen oft auch im Hochmoor. Aber der herangewachsene Baum findet im mageren Hochmoor nicht mehr ausreichende Nahrung. (AG)

hellgrauen Stämmen und Ästen stehen. Die ältesten Hochmoorteile sind am starken Latschen- oder Bergkiefernbewuchs erkennbar. Dagegen sind die jüngeren Hochmoore (z.B. auf der Ostseite und am Nordufer des Sees) nur mit Waldkiefern (*Pinus sylvestris*) bestockt. Im Zentrum des Moorteiles finden sich Moorbirken (*Betula pubescens*).

Das fleischfressende (karnivore) Gemeine Fettkraut verdaut seine Beute (kleine Insekten) durch Einrollen seiner Blätter (JZ)

Libellen, Falter und Käfer

Während der Hochmoor-Perlmutterfalter nicht nur auf das Sumpfblutauge angewiesen ist, frißt dessen Raupe nur Blätter der Moosbeere (Monophagie) (JZ)

Nur ganz wenige Tierarten konnten sich den extremen Lebensbedingungen des Hochmoors anpassen. Zu diesen Superspezialisten zählen die Hochmoor-Mosaikjungfer (*Aeschna subarctica*), der Gruben-Halsläufer (*Patrobus assimilis*) und der Hochmoor-Glanz-Flachläufer (*Agonum ericeti*). Die Raupe des Hochmoor-Perlmutterfalters (*Boloria aquilonaris*) ist ganz auf die Blätter der Gewöhnlichen Moosbeere angewiesen – ein schönes Beispiel der Abhängigkeit von Tieren von einer einzigen Pflanzenart

Nur im Regenmoor – allenfalls im Zwischenmoor - ist der hochspezialisierte Hochmooor-Glanz-Flachläufer zu finden. (WPf)

(Monophagie).

Hochmoor schützt unser Klima

Hochmoore haben nicht nur ihren besonderen landschaftlichen Reiz, sondern

Blaugrüne Mosaikjungfer (Aeshna cyanea) . (AH)

sie sind auch ökologisch von besonderen Wert. Denn sie binden seit Jahrtausenden große Mengen Sonnenenergie in Form von Kohlenstoff und Stickstoff, die in den nicht zersetzten Pflanzenresten des Torfs gespeichert bleiben. Durch ihr Vordringen in Zwischen- und Niedermoorbereiche wirken sie auch weiterhin einer Klimaerwärmung entgegen.

Hochmoore können als Wasserspeicher in besonderem Maße der Hochwasserbildung entgegenwirken, denn trockenes Torfmoos bindet das Zwanzigfache seines Gewichtes an Wasser.

Eine Fundgrube für Archäologen

Hochmoore sind die Hauptproduzenten von Torf. Deshalb stammen auch die meisten Moorfunde aus Hochmooren. Die zahlreichen Funde in den ausgedehnten Hochmooren Norddeutschlands und der Niederlande lieferten bislang mehr Informationen über das Leben unserer frühen Vorfahren als die Funde im Gletschereis (Ötzi).

Luftabschluß und das säuerliche Milieu des Torfs bewahrten Moorleichen oft hervorragend. Hier der „Knabe von Windeby" aus der Nähe von Eckernförde. (SLM)

Ein Vorzeige-Hochmoor

An den Moorflächen Bayerns sind Hochmoore derzeit nur noch mit 10 % beteiligt. Die im Burger Moos vorhandenen, noch völlig intakten Hochmoor-Inseln können aufgrund ihres guten Erhaltungszustandes als Vorzeigehochmoore gelten. Ihnen droht zwar gegenwärtig keine Beeinträchtigung durch Entwässerung als Folge starker Grundwasserentnahme in der Nachbarschaft. Das 2006 von Cornelia Siuda und Alfred Ringler erstellte Pflege- und Entwicklungskonzept für das Burger Moos verlangt jedoch, vorsorglich künftiger Austrocknung und auch Nährstoffeinträgen aus der Umgebung entgegenzuwirken. Es ist schwer verständlich, dass ein Behörde vernünftigerweise ein umfassendes Gutachten in Auftrag gibt, dann aber die Experten-Vorschläge nur zum kleineren Teil realisiert.

Zahlreiche rosa blühende Zwergsträucher der Besenheide beleben das Bild des flachen Torfteppichs des Hochmoors. (AG)

Die vornehmlich im Hochmoor wachsende Preiselbeere wird kaum noch gesammelt, da die Verbraucher die gezüchteten Beeren mit größeren Früchten vorziehen. (JZ)

wissenswert …

Der Torf

Torf kennt jeder: eine trockene, leichte krümelige braune Substanz, die hierzulande hauptsächlich im Gartenbau verwendet wird. Sie entsteht aus abgestorbenen, aber unter Luftabschluss nicht völlig verrotteten Moorpflanzen.

Torf entsteht aus Pflanzenresten

Torf lagert sich unter der Schicht lebender Moorpflanzen nur sehr langsam ab. Der Mittelwert des Zuwachses liegt bei nur 1 mm/Jahr. Man unterscheidet die Torfarten nach Alter, Dichte und Heizwert. Der relativ junge Weißtorf lässt Pflanzenreste z.B. von Schilf oft noch deutlich erkennen. Bei weiterer Verrottung entsteht der strukturlose Brauntorf. Am ältesten und dichtesten ist der Schwarztorf mit dem höchsten Brennwert.

Früher als Brennmaterial begehrt

Schon vor Jahrtausenden wurde Torf aus Mooren gestochen und als Brennmaterial für die verschiedensten Zwecke (z.B. auch zur Bronzeherstellung) verwendet. In Deutschland wurde bereits im Mittelalter Torf in Form von Ziegeln, Soden oder

Moor-Stechmaschine in Niedersachsen (KG)

Briketts neben Holz als Hausbrand eingesetzt. Für die Salzgewinnung aus Sohle ersetzte Torf immer mehr das knappe und teure Holz. Sein Brennwert liegt mit 3000 bis 4000 kcal/kg weit unter dem von Kohle und Holzkohle. Der mit dem Einsetzen der Industrialisierung im 18. und 19. Jahrhundert steigende Energiebedarf gab dem Torfabbau kräftigen Auftrieb. Selbst Lokomotiven heizte man mit Torf. Erst in den 1960er Jahren kam schließlich die Verfeuerung von Torf in Deutschland zum Erliegen.

Mit riesigen Maschinen wird heute noch in einigen Ländern Torf in großen Mengen vor allem als Brennmaterial z.B. für Kraftwerke gewonnen. Moorleichen werden dabei nicht mehr entdeckt. (KG)

Letzter Handtorfstich im benachbarten Stucksdorfer Moos? (AG)

Zur Bodenverbesserung im Gartenbau

Da es weltweit etwa 400 Mio. ha Moorflächen gibt, erscheinen die Torfvorräte unserer Erde fast unermesslich. Torf wird gegenwärtig jedoch nur auf 0,1 % der

In „Torfmandln" stapelte man Torfziegel zum Trocknen. (AG)

Moorflächen abgebaut. In Deutschland liegt die Torfgewinnung nur noch bei etwa 6 bis 8 Mio. m³ im Jahr. Der Großteil davon kommt aus dem moorreichen Niedersachsen. Dort wird Torf auf zuletzt landwirtschaftlich genutzten, *früheren* Moorflächen maschinell abgebaut. Verwendet wird das Natursubstrat fast nur noch zur Bodenverbesserung im Gartenbau. Der Rohtorf enthält zwar kaum Düngerstoffe, dient jedoch der Bodenlockerung, der Verbesserung der Wasserrückhaltung und der gezielten Versäuerung des Bodens für säureliebende Pflanzen wie z.B. Rhododendren. Lebende noch gut erhaltene (naturnahe) Moore stehen in Deutschland fast durchweg unter Naturschutz und bleiben vom Torfabbau unberührt. Die Polemik einiger übereifriger „Moorschützer" gegen die Verwendung von Torf im Gartenbau erscheint auch im Hinblick auf die weltweit gigantischen Torfreserven unbegründet.

Für Moorbäder und zur Whisky-Herstellung

Eher außergewöhnliche Verwendungen von Torf waren früher als Einstreu in Stallungen und als Isolationsmaterial zum Beispiel bei Eiskellern von Brauereien und Gastwirtschaften. Unersetzlich erscheint auch heute noch das Medium Torf für Moorbäder. Nicht unerwähnt bleiben darf freilich, dass Liebhaber von schottischem Whisky nicht auf den Geschmack von Torfrauch verzichten wollen, der bei der klassischen Malzherstellung ins Getränk gelangt. Extrem „naturnah" lebende Mitbürger ziehen ihre Babys selbstverständlich nur mit torfgefüllten Windeln groß. Angebot im Internet.

Die Tiere

Die Tiere im Burger Moos

Viele Habitate – viele Tierarten

Trotz der vorherrschender Nässe und der meist „ungenießbaren" Moorpflanzen gibt es viele Tiere im Burger Moos - sogar mehr Tier- als Pflanzenarten. Das liegt vor allem am Angebot einer großen Vielfalt unterschiedlicher Feucht- und Nasshabitate auf engstem Raum. Jeder dieser Lebensräume, wie Schwingrasen, Röhricht, Bruchwald, Moortümpel, Streuwiesen, Nassbrache, saures Hochmoor und Randwald beherbergt Spezialisten, die nur dort existieren können. So bewohnen z.B. Schwimmkäfer und Wasserwanzen fast ausschließlich die Kleingewässer und Schlenken, Prachtkäfer nur das morsche Holz im Bruchwald, die Nachtfalter Striemen-Schilfeulen (*Senta flammea*) und die Teichrohrsänger (*Acrocephalus scirpaceus*) die hohen Schilfbestände am Moorrand.

Für viele Tierarten ist das nahe *Nebeneinander* mehrerer Habitate wichtig, so z.B. für Frosch, Unke, Kreuzotter, Ringelnatter, Waldeidechse sowie die meisten Tagfalter und Libellen.

Hochspezialisierte Tiere finden andererseits wieder ausreichende Lebensbedingungen in *einem einzigen Habitat*. Zum Beispiel sind die vielfältigen Klein- und Kleinstgewässer (Schlenken) ein op-

Die Gelbbauchunke (Bombina variegata) ist eher in lehmigen Pfützen des Moorrandes und in Wagenspuren anzutreffen. (AH)

Die Population des Wasserfroschs ist in den letzten Jahrzehnten stark zurückgegangen. (JZ)

Der Teichrohrsänger (Acrocephalus scirpceus) hat sein Wnterqartier südlich der Sahara. (AH)

⇐ Die Riesenlibelle (*Maganeura*) mit einer Spannweite von 70 cm aus dem Karbon ist die Urmutter unserer heutigen Libellen. (AG)

timaler Lebensraum für die Larven zahlreiche Libellen- und Schmetterlingsarten sowie seltener Schwimmkäfer. In den Bulten des Hoch- und Zwischenmoors tummeln sich Lauf- und Moorkäfer, auch die Moorameise (*Formica transcaucasica*) – ein Eiszeitrelikt – baut hier ihre Nester.

Manche ziehen öfters um

Wie die Menschen begnügen sich auch die größeren und mobileren Tierarten nicht mit einem „Zimmer", sondern nutzen in ihrem Lebenskreis nacheinander unterschiedliche Habitate. Ihr Wohnkomfort steigt, wenn zwischen den einzelnen „Räumen" – also Eiablage-, Balz-, Entwicklungs-, Jagd- und Nahrungshabitat, Sommer- und Winterquartier – nur kurze Wege zurückzulegen sind. Dann wird man nämlich nicht so leicht gefressen (Prinzip der kurzen Wege) und man spart kostbare Energie. Typische Habitatwechsler sind Grünfrösche, Gelbbauch-

Kleine Moosjungfer (AH)

Unken, Kreuzottern, Ringelnattern, Waldeidechsen, Tagfalter und Großlibellen.

Nur wenige Säugetiere

Aber nicht für alle Tiergruppen ist freilich Moor der Vorzugslebensraum. Säugetiere beispielsweise trifft man nur wenige: In der Morgendämmerung vielleicht einen Fuchs, der am Wasserrand auf Enten pirscht und in stockdunkler Nacht auch einen schnüffelnden Dachs. Für Rehe ist das Burger Moos eigentlich kein Lebensraum zum Daueraufenthalt. Sie verbergen sich tagsüber im undurchdringlichen Gebüschdickicht und im Röhricht, bevor sie zur abendlichen Äsung in die Wiesen oder brombeerreichen Waldlichtungen überwechseln.

Die früher von Fischern am See als Plage betrachtete Bisamratte scheint inzwischen andere Gewässer zu bevorzugen. (AS)

Zwei Habitate zugleich, nämlich See und Moor, benötigt die possierliche aus Nordamerika eingewanderte Bisamratte (*Ondatra zibethicus*). Diese Vegetariererin bevorzugt die energiereichen weißen Enden der Teichbinsen und baut ihre kegelförmigen Burgen aus braunem abgestorbenen Pflanzenmaterial am Ufer mit unterirdischen Zugängen zum See. Noch vor 50 Jahren zerbissen die Bisamratten den Fischern Netze und Reusen; heute sind sie völlig verschwunden. Der Verfasser fing noch in den 1940ere Jahren einen Waller, der eine Bisamratte im Magen hatte.

In der Abenddämmerung huschen und zickzacken diverse Fledermäuse über den See und das Moor. Zumindest von den Mausohren (*Myotis myotis*) und den seltenen Wimperfledermäusen (*Myotis*

Das seltenere Große Mausohr (*Myotis myotis*) ist von den zahlreichen anderen Fledermausarten vom Laien kaum zu unterscheiden. (MWe)

emarginatus) weiß man genau, wo sie herkommen und wieder hin wollen: zur Wochenstube in der benachbarten Zaiseringer Kirche. Andere Fledermausarten schnappen über dem Moor oder am Rande der Bruchwälder die Zweiflügler (Mücken im weiteren Sinne) auf, die nach dem Schlüpfen aus den Schlenken und Tümpeln aufsteigen oder dezimieren die auf und ab tanzenden Eintagsfliegenschwärme.

Vögel brüten gern im Schilf

Für verschiedene Vogelarten wie die Rohrammer (*Emberiza Schoeniclus*), den Rohrschwirl (*Locustila lusciniodes*) und den Haubentaucher (*Podiceps cristatus*) stellen Schilfröhrichte ideale Brutplätze

Die artenreiche Eintagsfliege (Ephemeroptera) lebt als Larve unter Wasser immerhin ein Jahr. Eintagsfliegen leben in ihrer letzten Form meist drei bis vier Tage, selten über eine Woche. (JZ)

dar. Teichrohrsänger (*Acrocephalus scirpaceus*) flechten ihre Nester um im Wasser stehende Schilfhalme. Sogar die seltene Rohrdommel (*Botaurus stellaris*) taucht als Durchzügler gelegentlich auf. Der Verfasser rettete einmal im tiefen Winter eine halbverhungerte, in einem Eisloch des Ausflusses stehende Rohrdommel. Sie wurde im Tierpark Hellabrunn, München, gesund gepflegt.

Zu den Moor-Dauerbewohnern zählt die langschnäbelige Bekassine (*Gallinago gallinago*), die Feuchtwiesen und Hochmoore bevorzugt. Dagegen sucht sich

Der Teichrohrsänger (*Acrocephlus scirpeus*) flicht sein Nest meist zwischen mehreren Schilfhalmen. (JS)

die Sumpfmeise (*Parus palustris*) Baumhöhlen mit einem engen Einflugloch, um ihr Gelege möglichst vor Räubern wie dem Buntspecht zu schützen. Den Bruchwald beleben die flink umherturnende Sumpf-, Weiden- und Schwanzmeisen (*Parus palustris, Parus montanus, Aegithalos caudatus*); akustisch gibt hier im Mai der stimmgewaltige Fitis-Laubsänger (*Phylloscopus trochilus*) den Ton an.

Bestens getarnt in Großseggen-Horsten brüten nach wie vor einige Stockenten (*Anas platyrhynchos*) als Stammgäste des Sees. Sie sind anspruchslose Allesfresser. Ihr Speiseplan reicht von Wasser- und Landpflanzen (selbst Eicheln!) bis zu Schnecken, Kaulquappen und kleinen Fischen. Regelmäßig brüten auch ein paar Graugänse (*Anser anser*) am See und machen sich durch lautes Krächzen

Graugänse sind treue Sommergäste am See. (JZ)

im Flug bemerkbar. Sie grasen gern mit ihren Jungen in Seenähe. Früher brütete oft ein Schwanenpaar auf einer Seggeninsel im Süden. Heute suchen Höckerschwäne (*Cygnus olor*) hin und wieder Nahrung im flachen Wasser oder sie lassen sich am Badestrand füttern. Auf den Bulten im Zwischenmoor brütet und rastet die langschnäbelige Bekassine (*Gallinago gallinago*), leider nur noch selten.

Die Bekassine ist nur noch relativ selten im Hochmoor anzutreffen. (JZ)

Vor einigen Jahren wurde in einem Moorgraben eine (vom Aussterben bedrohte) Moorente (*Aythya nyroca*) gesehen.

Schlangen, Eidechsen und Frösche

Von den Reptilien und Amphibien ist die lebendgebärende Wald-Eidechse (*Zooloca vivipara*) häufig auf dem durchs Moor führenden Steg zu beobachten. Ab und zu kann man eine unerschrocken quer über den See schwimmende Ringelnatter (*Natrix natrix*) ausmachen. Der Autor beobachtete, wie ein Hecht in Ufernähe eine junge Ringelnatter erbeutete.

Die oft prächtige Posthornschnecke (Planebarius corneus) lebt hauptsächlich von Plankton und abgestorbenen Pflanzenresten. (AH)

Dagegen ist die von vielen gefürchtete, aber vom Aussterben bedrohte Kreuzotter (*Vipera verus*) auch hier immer seltener zu sehen. Selbst Wasserfrösche (*Rana esculantea*), die noch vor einigen Jahrzehnten an Sommerabenden tausendstimmige Konzerte veranstalteten,

Die rare und scheue und zu unrecht gefürchtete Kreuzotter hat seit Jahrzehnten in Deutschland niemand mit Todesfolge gebissen. (JZ)

wissenswert ...
Flugkünstler & Räuber

Am Rande einer Schlenke erwartet den Moorgänger manchmal eine bewegungslos an einem Seggenstängel hängende rostbraune Exuvie (Larvenhülle). Nach 2-3jährigem Larvenleben unter Wasser und 10 bis 15 Häutungen hatte sie beschlossen, endlich das Licht der Sonne zu genießen und ihren Aktionsradius auf das Mehrtausendfache auszudehnen. Das kleine Monster mit dem unersättlichen Hunger stieg aus der Moorschlenke, kletterte auf einen Seggenhalm und platzte auf. Die zunächst unansehnlich-zerknitterte, fast weißliche Großlibelle war erst nach Stunden so gehärtet und ausgefärbt, dass man sie als Torf-Mosaikjungfer (Aeshna juncea) mit 10 cm Flügelspannweite identifizieren konnte. Vielleicht handelte es sich um genau jenes Exemplar, das vorhin auf dem brotzeitmachenden Wanderer Platz genommen hatte. Leider dauert die finale Krönung der Libellenkarriere nur zwei Wochen. Gleichwohl fliegen die Odonaten im Burger Moos vom Spätfrühling bis Frühherbst; sie müssen also in großer Artenvielfalt und enormer Individuendichte vorhanden sein. Nur wenige Schritte weiter überrascht uns das Paarungsgrad einer Kleinlibellenart, daneben ein buntes Nachtpfauenauge (Saturna pavonia) mit suggestiven Augenflecken auf den Flügeln. Über 5000 Libellenarten weltweit stammen von der Riesenlibelle (Meganeura) aus dem Oberkarbon (etwa 300 Mio Jahre v.Ch.) mit einer Spannweite von 70 cm ab. A.R.

Moosjungfer und Nachtpfauenauge

Nicht nur der Hofstätter See, sondern auch die Schlenken und Tümpel in Zwischen- und Hochmooren sind ideale Lebensräume für die sehr artenreichen *Wasserinsekten*. Die meisten von ihnen verbringen den Großteil ihres Lebens als Larven unter Wasser. Sie ernähren sich von Wasserpflanzen, organischen Abfällen und Kleintieren. Ihre Lebenszeit als geflügeltes Insekt beschränkt sich manchmal auf wenige Tage. Räuberische *Libellen*

Blauflügel-Prachtlibelle (*Calopteryx virgo*) (AS)

umschwirren den Besucher häufig im Moor. Als wahre Flugkünstler können sie mit 30 Flügelschlägen pro Sekunde rasant starten, in der Luft stehen bleiben

Die „besonders geschlützte" Zwerglibelle (*Nehalennia speciosa*) bevorzugt als Lebensraum Schlenken des Zwischenmoors. (AS)

sind nur noch vereinzelt zu hören. Auch Gelbbauchunken (*Bombina variegata*) – früher bei Waldspaziergängen in wassergefüllten Fahrgeleisen zu entdecken - scheinen sich rar zu machen.

und sofort auch wieder rückwärts fliegen. Sie bevölkern in allen Farben von blau bis rot das Burger Moos und die Verlandungszonen des Sees. Heimisch sind hier auch einige sehr seltene Arten wie die eher unauffällige Zwerglibelle (*Nehallenia speciosa*) oder die Große Moosjungfer (*Leucorrhinia pectoralis*). Im Burger Moos kommen etwa 40 Libellenarten vor – ebenso viele wie im zehnmal so großen Eggstätter Seengebiet. Das entspricht der Hälfte aller bayerischen Libellen-Arten! Davon stehen 18 Arten auf der Roten Liste Bayerns.

Manche Schmetterlinge sind „monophag"

Die Larve des Hochmoor-Perlmutter-Falters braucht Pflanzen des mageren Hoch- oder Zwischenmoores als Nahrungsgrundlage. (JZ)

Bedeutend ist auch die *Schmetterlings-Fauna* im Burger Moos. Erwähnenswert ist das Vorkommen des stark gefährdeten Hochmoor-Gelblings (*Colias palaeno*), des Wachtelweizen-Scheckenfalters (*Melitaea athalia*), des Riedteufels (*Minois trias*), des Moor-Wiesenvögelchens (*Coenonympha tullia*) und nicht zuletzt des Abbiss-Schreckenfalters (*Euphydryas aurina*). Ihm ist es vielleicht zu verdanken, dass das Burger Moos als Fauna-Flora-Habitat-Gebiet anerkannt wurde. Einige Falter haben ihre bevorzugten Blütenträger. Zum Beipiel mögen der sehr seltene Hochmoor-Bläuling (*Polyomatus icarcus*)

Den vielen Punkten an der Unterseite seiner Flügel hat wohl der Argus-Bläuling zu verdanken, dass er nach dem hundertäugigen griechischen Riesen Argos benannt wurde. (JZ)

und der Hochmoor–Perlmutterfalter (*Boloria aquilonaris*) am meisten die Rauschbeere, das Moor-Wiesenvögelchen liebt das Wollgras, das Tagpfauenauge die Brennnesseln und die Raupe des Aurorafalter (*Anthocharis cardamines*) das Wiesenschaumkraut (*Cardamine pratensis*). Die Raupe des Baldrian-Scheckenfalter ernährt sich natürlich nur von den Blättern des Kleinen Baldrian (*Valeriana di-*

An ihrem kunstlos aus Pflanzenstückchen zuammen- gebastelten Köcher erkennt man leicht die Larve der Köcherfliege. (KPe)

oica). Tiere, die sich nur von einer oder wenigen Nahrungsquellen ernähren bezeichnet man als monophag. Das Kleine

Nachtpfauenauge (*Saturna pavonia*) - Schmetterling des Jahres 2012 – lebt nur

Hier die unscheinbare, aber sehr seltene Langfühler-Köcherfliege (*Erotesia balthica*). (JS)

wenige Tage. Der männliche Falter kann die vom Weibchen ausgesandten Lockstoffe mit seinen großen Fühlern kilometerweit riechen.

Der Gedrungene Klauenkäfer (*Elmis aena*) ist vom Aussterben bedroht. (NSI)

Allerlei Larven und seltene Käfer

In den Kleingewässern des Moores (Schlenken) tummeln sich auch die Larven der Stein-, Köcher- und Eintagsfliegen sowie der Zuck-, Büschel- und Stech-

Dicker Tauchschwimmerkäfer (*Ilybius crassus*) (LBo)

mücken. Recht selten gefunden werden die prächtige Randlagg-Köcherfliege (*Hagenalla clathrata*) und die winzige Langfühler-Köcherfliege (*Erotesis balthica*).

Besonders erwähnenswert sind die vom Aussterben bedrohten Eiszeitrelikte Klauenkäfer (*Dryops anglicanus*) und Dicker Tauchschwimmkäfer (*Ilyius crassus*), sowie die Tellerschnecke (*Anisus verticulus*).

Die im Moor und am See häufig vorkommende harmlose Ringelnatter (*Natrix natrix*) ist leicht an ihren gelben, sichelförmigen Flecken am Hinterkopf erkennbar. (AH)

Im Burger Moos konnten insgesamt 205 Arten von Libellen, Wasser- und Laufkäfern, Schnecken, Köcher- und Steinfliegen nachgewiesen werden. Davon stehen 79 Arten auf der Roten Liste Bayern.

Bedeutung und Wert

Bedeutung und Wert des Burger Mooses

Biologen überschlagen sich mit Superlativen, wenn sie das Burger Moos beschreiben und bewerten. Hervorgehoben wird von allen die außerordentliche *Vielfalt* und die hohe Zahl von seltenen, vom Aussterben bedrohten und geschützten Pflanzen- und Tierarten (*Raritäten*).

Allein die Aufmerksamkeit, die die Wissenschaft bisher diesem verhältnismäßig kleinen Moor entgegengebracht hat, sagt einiges aus. Es gehört nämlich zu den vegetationsökologisch bestuntersuchten Mooren Deutschlands: etwa 600 botanische Bestandsaufnahmen wurden hier gemacht.

Ein „Markenzeichen" ist ferner, dass es zu den *am besten erhaltenen* Mooren Bayerns zählt. Nur noch 5 % der Moore Bayerns gelten als „intakt" (Landesamt für Umwelt). Eine weitere Besonderheit besteht darin, dass das Moor zum größten Teil (zu 75 %) aus einem *Zwischenmoorkomplex* von internationaler Bedeutung besteht. Die hohe Einschätzung des gesamten Moores durch viele Autoren gab Anlass, das Burger Moor schon frühzeitig zum *Landschaftsschutzgebiet* und später auch zum *Fauna-Flora-Habitat* nach EU-Richtlinien zu erklären. Mehrere Fachleute halten auch die Anerkennung als Naturschutzgebiet für überfällig.

Der Kammfarn (*Dyopteris cristata*) gehört zu den Seltenheiten des Moores. (CS)

Die Moor-Binse (*Juncus stygius*) wurde 2005 nicht mehr gefunden. (NEWFS)

Reichhaltigstes Einzelmoor

Prof. Giselher Kaule fertigte 1966 eine Dissertation über das Burger Moos an und stufte „die Moore um den Hofstätter See als die ausgedehntesten und interessantesten *Übergangsmoore* im Landkreis Rosenheim" ein. Die besonders umfassende Bestandsaufnahme von Siuda/Ringler im Jahre 2006 hat 320 Moorpflanzenarten nachgewiesen, davon stehen 85 Arten auf der Roten Liste Deutschland. Die beiden Biologen sprechen deshalb vom „reichhaltigsten Einzelmoor des Landkreises". In diesem Gebiet hat kein zweites Moor eine ähnlich hohe Zahl besonders seltener und geschützter Pflan-

⇐ Sumpf-Glanzkraut (*Liparis loeselii*) (ML)

zenarten auf *engem Raum* aufzuweisen. Sie verteilen sich nicht willkürlich über das ganze Moor, sondern sie konzentrieren sich jeweils in 38 verschiedenen Pflanzen-*Gesellschaften*, die sich wiederum diejenigen Standorte auswählen, die ihre verschiedenartigen ökologischen Ansprüche am besten befriedigen. In der Untersuchung der *Fauna* des Moores von Ökokart heißt es: „Die Schutzwürdigkeit dieses einmaligen Gebietes kann nicht hoch genug eingeschätzt werden. Es trägt nicht nur eine immens bedeutsame Biodiversität, sondern vermittelt auf engem Raum eine eindrucksvolle Vorstellung der Urlandschaft."

Größtes intaktes Zwischenmoor Bayerns

Nach den Richtlinien der Europäischen Union wurde das Gebiet unlängst charakterisiert als „Seen-Moor-Verbund-Achse mit *größtem intaktem Zwischenmoor ...* in Bayern; große Vielfalt an Verlandungszonationen; größter zusammenhängender

Das Firnisglänzende Sichelmoos (*Hamatocaulus vernicosus*) ist in Deutschland stark gefährdet. (LUBW)

Schwingrasen des Innvorlandes; Vorkommen zahlreicher seltener Moorarten. - Die volle Bedeutung der Hofstätter Moore erschließt sich im Zusammenhang mit der etwa 20 km langen Moor- und Seen-Verbundachse Burgermoos-Rinser See-Stucksdorfer Moos-Urschlach-Halfinger und Kirchseeoner Moor, dessen

Das „besonders schützenswerte" Sumpf-Glanzkraut (*Liparis loeselii*) (KPe)

artenreichster und wertvollster Teilbereich sie sind." (Hervorhebung vom Verfasser). „Es gibt kein Einzelmoorgebiet von vergleichbarer Dichte an verschiedenen Übergangsmoortypen." (A. Ringler)

Zwölf Orchideenarten

Das Burger Moos beheimatet allein zwölf Orchideenarten; neun „fleischfressende" Pflanzenarten aus den Gattungen Wasserschlauch, Sonnentau, und Fettkraut, die ihre Beutetierchen mit jeweils anderen Tricks überlisten; 25 Seggen-Arten und 21 verschiedene Torfmoose – von etwa 30 in Deutschland vorkommenden.

Wegen ihres Seltenheitswertes seien besonders hervorgehoben: die Moor-Binse (*Juncus stygius*), die Stricksegge (*Carex chordorrhiza*), der Kammfarn (*Dryopteris cristata*), das Firnis-Braunmoos (*Drepanocladus vernicosus*), der Weichstendel (*Hammarbya paludosa*) und das Sumpf-Glanzkraut (*Liparis loeselii*) – ein Eiszeitrelikt. Das Burger Moos besitzt schließich ein Vorkommen von Schneidried (*Cladium mariscus*), das in Größe und Unberührtheit einzigartig im südöstlichen Oberbayern ist.

Bei den Tier-Raritäten des Moores sind vor allem zu erwähnen: die Randlagg-Köcherfliege (*Hagenellas clathrata*) und die Langfühler-Köcherfliege (*Erotesis balthica*), die Zierliche Tellerschnecke (*Anisius vorticulus*), der vom Aussterben bedrohte Klauenkäfer (*Dryops anglicanus*) und die Große Moosjungfer (*Leucorrhinia pectoralis*).

Die europaweit vom Aussterben bedrohte Weich-Orchis steht unter strengstem Schutz. Für einige Habitaten ist sogar das Betreten verboten. (ML)

Die Große Moosjungfer ist stark gefährdet und deshalb auch streng geschützt. Sie verlangt nahe Wasserflächen und fühlt sich daher im „Seemoor" Burger Moos zuhause. (JZ)

Was ist ein Moor wert?

Die Bedeutung einer Landschaft kann natürlich auch unter anderen als biologischen und ökologischen Aspekten betrachtet werden. Das Grundbuchamt Rosenheim bezeichnet zum Beispiel die Grundstücke des Burger Mooses als „Unland". Alle zusammen haben gegenwärtig einen Marktwert von etwa 800 000 €. Das entspricht also dem Wert *eines* Wohnhauses. Für Biologen und Naturschützer ist das Burger Moos freilich von unschätzbarem Wert – es wäre mit Geld überhaupt nicht aufzuwiegen. Wanderern und Naturfreunden bieten die Ausblicke aufs Moor immerhin eine interessante und geschätzte Abwechslung beim Umrunden des Hofstätter Sees. Einen Hobby-Maler inspirierte das Moos zu einigen Aquarellen. Nicht wenige Laien-Fotografen haben offenbar Freude daran, Moor-Blumen und –moose sowie Nebel- und Winterstimmungen festzuhalten. Der Verband Chiemsee-Alpenland Tourismus bewertete auf einer Website über den Moorlehrpfad Burger Moos die Landschaft mit vier und das Besuchs-Erlebnis mit fünf von fünf möglichen Punkten.

Gefährdung und Schutz

Das Moor braucht Freunde und Beschützer

Wer sich durch das vorangegangene Kapitel überzeugen ließ, dass das Burger Moos eines der wertvollsten und besterhaltenen ist, wird sich auch fragen: Was könnte dieses Kleinod der Natur heute noch gefährden und was kann man tun, um es weiter zu erhalten?

Von den beiden großen Moorzerstörern Kultivierung und Torfabbau, die in den letzten Jahrhunderten mehr als 95 % der deutschen Moore vernichtet haben, ist das Burger Moos freilich nicht bedroht. Denn beides wäre wegen der Unmöglichkeit der Trockenlegung des Moores aufgrund seiner Seenähe gar nicht machbar. Schließlich ist heutzutage kein Bauer mehr daran interessiert, Schilf als Einstreu zu mähen, weil alle Kuhställe längst auf Schwemmentmistung umgestellt sind. Außerdem wäre das Moor vor solchen Eingriffen durch die bestehende Landschaftsschutzverordnung und die Erklärung zum Fauna-Flora-Habitat geschützt.

Gefahr der Austrocknung durch Wasserentnahme

Aber unerwartet tauchte 1996 eine neue Gefahr für das Burger Moos auf, als die Stadt Rosenheim ganz in Seenähe einen Tiefbrunnen niederbrachte und die Genehmigung zur Entnahme von 1,6 Mio. m^3 Grundwasser im Jahr beantragte. Das entspricht etwa der Wassermenge des Hofstätter Sees. Bei Grundbesitzern und Naturfreunden kam daraufhin die Befürchtung auf, dass die Grundwasserentnahme den Wasserspiegel von See und Moor absenken könnte. Und Biologen wiesen darauf hin, dass schon geringfügige Verschlechterungen in der Grundwasserversorgung des Gebietes viele Pflanzenarten im Burger Moos bedrohen könnten. Die rasch von vielen Interessierten gebildete „Schutzgemein-

Freiwilige Helfer renovierten den Steg von Grund auf und ersetzen die verfaulenden Holzstämme durch (grüne) dauerhafte Plastikrohre. (GJ)

schaft Hofstätter und Rinser See zur Verhinderung der Grundwasserentnahme", setzte dem Vorhaben der Stadt Rosenheim in der Folgezeit energischen Widerstand entgegen und unterband schließlich auch dessen Realisierung. Ob eine neuerdings von der Stadt Rosenheim geplante Wasserentnahme am Innhochufer das Burger Moos erneut gefährden würde, wird derzeit lebhaft diskutiert.

Quellaufstöße in See und Moor

Dass der Wasserhaushalt von See und Moor nicht nur von Regenwasser gespeist wird, sondern auch vom *Grundwasserzulauf* abhängig ist, hat das Gutachten Siuda/Ringler schon 2006 eindeutig belegt: im Winter bildeten Quellaufstöße etwa 120 Eislöcher im See. Auch im Burger Moos weisen zahlreiche Grundwasser anzeigende Pflanzen wie etwa Schneidried darauf hin, dass auch dort ebenfalls solche „Limmnokrenen" aktiv sind. See und Moor empfangen also aus über 200 Quellen Grundwasser. Im zitierten Gutachten sind über 38 seltene bzw. bedrohte Pflanzenarten aufgeführt, die schon auf kleinere Absenkungen des Wasserspiegels empfindlich reagieren würden. Folgerichtig fordern deshalb die Biologen „Jeglichen, auch noch so geringfügig erscheinenden Belastungen, insbesondere auch des Wasser- und Nährstoffhaushalts entgegen zu wirken."

Warum Nährstoffe schaden

Eine wichtige Gefahrenquelle für das Burger Moos ist auch der *Eintrag von Nährstoffen* vor allem aus den angrenzenden landwirtschaftlich genutzten Feldern. In erster Linie geben wohl die im Südosten unterhalb von Obernburg gelegenen Felder nährstoffangereichertes Regenwasser ins Moor ab. Doch auch Flächen im Norden und Nordosten sind Nährstofflieferanten.

Aber müssten eigentlich nicht auch Moorpflanzen besser gedeihen, wenn sie besser ernährt würden? Warum schadet Nährstoffeintrag einem Moor? Dieser scheinbare Widerspruch lässt sich leicht aufklären: Rings ums Moor lauern Büsche und Bäume nur darauf, ins Moor vorzudringen, sobald dort nur etwas bessere Lebensbedingungen gegeben sind. Und tatsächlich haben in den letzten Jahrzehnten Erlen, Weiden und Kiefern zum Beispiel im Norden und im Südosten neue Moorteile erobert. Man spricht von drohender Verbuschung und Verwaldung.

Was man tun sollte

Das Entwicklungskonzept Siuda/Ringler schlägt deshalb vor, landwirtschaftliche Nutzflächen, die direkt an Moorflächen grenzen, zu „extensivieren", d.h. nicht mehr zu düngen. Generell sollen künftig jegliche Nährstoffeinträge (aus Gülle, Festmist und Mineraldünger) ausgeschlossen werden. Zum Beispiel auch durch Einrichtung von Pufferstreifen. Ferner empfehlen die Autoren, Pflegeversuche mit Streumahd auf eutrophierten (bereits nährstoffangereicherten) Moorflächen östlich der Staatsstraße Haidbichl-Niedernburg vorzunehmen. Der ebenfalls empfohlene Neubau eines Regenklärteiches mit Bodenfilter am Westrand des Burger Mooses wurde erfreulicherweise bereits realisiert.

Auch mit diesem Buch wollen wir dem Burger Moos neue Freunde gewinnen und damit einen kleinen Beitrag zu dessen nachhaltiger Sicherung leisten.

wissenswert ...

Renaturierung von Mooren

99 % der nach der letzten Eiszeit in Deutschland entstandenen Moore wurden durch menschliche Einwirkung zerstört. Eine ständige Bevölkerungsvermehrung führte zu Landhunger und damit zur Umwandlung („Kultivierung") riesiger Moorflächen in Agrarland und Nutzwald durch Entwässerung. Der namentlich durch die Industrialisierung wachsende Energiebedarf erhöhte die Nachfrage nach Torf als billigem Brennstoff neben Kohle und Holz. Und viele Bauern besaßen eine „Filzn" und versorgten sich in mühsamer Handarbeit mit Torfziegeln als Brennmaterial.

Erst Anfang des 20. Jahrhunderts – vielleicht als Spätwirkung der Romantik – begann sich in Deutschland der Gedanke des Naturschutzes zu entwickeln. Maler wie Modersohn-Becker und Schriftsteller wie Hermann Löns schilderten die eigenartige Schönheit von Moorlandschaften. Zum ersten Naturschutzgebiet wurde 1921 das Neandertal bei Düsseldorf erklärt. Nach und nach stellte man auch andere wertvollen Moore unter Landschafts- oder Naturschutz. Nach dem zweiten Weltkrieg lohnte es sich auch nicht mehr, mit großem Aufwand Moorgebiete durch Entwässerung zu „kultivieren". Die Nachfrage nach dem Brennstoff Torf ging dramatisch zurück und die meisten „Torffabriken" rentierten sich nicht mehr.

In Bayern kam der Abbau von Torf als Brennmaterial nach dem zweiten Weltkrieg praktisch zum Erliegen. Nur noch vereinzelt wird Torf für die gärtnerische Nutzung gewonnen.

So schrecklich wüstenartig sahen auch in Bayern einmal abgefräste Moorlandschaften aus. Renaturierung ist eine wichtige, noch nicht abgeschlossene Aufgabe. (KG)

Natur-, Klima- und Hochwasserschutz

Erst in jüngerer Vergangenheit gewann auch der Gedanke, frühere Moore wieder in ihren ursprünglichen Zustand zurück zu versetzen (Re-Naturierung), immer mehr Freunde. Neben ökologischen Zielen – Moore sind Kernflächen des Artenschutzes - bekamen auch klimapolitische Erwägungen Gewicht. Das ist gut begründet, denn die 3 % Landfläche, die die Moore (Moor- und Anmoorböden) von der Landoberfläche der Erde einnehmen, speichern 30 % aller globalen Boden-Kohlenstoffvorräte (LfU, 2009). So beschloss die Bayerische Staatsegierung Ende 2007 im Rahmen eines Sonderprogramms „Klimaprogramm Bayern KLIP 2020", die Wiedervernässung und Extensivierung der Moore zu fördern. Zwischen 2008 und 2012 konnte bereits eine Flächen von 400 ha Moor renaturiert werden. Dadurch wird *eine Reduktion der Treibhausgase* (Kohlendioxid, Lachgas und Methan) von fast 14 000 t CO_2-Äquivalenten pro Jahr erreicht (Sorg, 2013).

Moorböden haben - auch wenn diese nur eine relativ geringe Landesfläche bedecken - eine beachtliche Bedeutung für die regionale bzw. lokale *Wasserrückhaltung* in der Fläche und so auch für den Hochwasserschutz. Voraussetzung aber ist, dass diese Moore oder Moorböden noch eine gewisse Feuchtigkeit aufweisen. Namentlich in naturnahen Hochmooren (nur von Niederschlägen gespeist) erhöht sich die Wasserbindungs- und Quellfähigkeit mit ihrem „Natürlichkeitsgrad" durch die lebenden Torfmoose und mindert den schnellen Abfluss von Starkregen und wirkt so auch Überschwemmungen entgegen. Ermittelt wurde ein Verzögerungseffekt von drei Tagen im Vergleich zu landwirtschaftlich genutzten Moorflächen. Die Anlage von Gräben zur Entwässerung und Kultivierung hat früher den Abfluss großer Regenmengen aus Moorgebieten zum Teil erheblich beschleunigt.

So wird renaturiert

Die Renaturierung eines Moores beginnt mit der Überprüfung, ob eine Wiederbewässerung mit einem angemessen Aufwand erreicht werden kann. Vorhandene

Aus öden Torfflächen wieder lebende Pflanzendecken zu machen, ist Aufgabe der Renaturierung. (US)

Grabensysteme müssen durch Einrichtung von Absperrungen und Dämmen unwirksam gemacht werden. Ziel ist dabei, den ursprünglichen Moorwasserspiegel möglichst wieder herzustelllen - die wichtigste Voraussetzung für die Wiederbesiedlung der Flächen durch Moorpflanzen. Schon innerhalb weniger Jahre können Pionierpflanzen zum Beispiel tiefbraune maschinell abgeräumte Torfflächen wieder in kräftig grüne und wachsende Moore verwandeln.

wissenswert ...

Geschützte Sumpf – und Wasserpflanzen

(Nach Bundesartenschutzverordnung)

Im Burger Moos gibt es 10 von den insgesamt 24 geschützten Sumpfpflanzen-Arten. Sie sind jeweils durch **fette Überschriften** hervorgehoben.

Meine Biologenfreunde sind freilich der Auffassung, dass man **alle** Sumpfpflanzen (außer den massenhaft vertretenen wie Schilf oder Binsen) stehen lassen sollte.

- Beinbrech,
  Narthecium punila

- **Blumenbinse**,
  Scheuchzeria palustris (CFi)

- Drachenwurz,
  Calla palustris (JZ)

- **Fettkraut**-Arten,
  Pinguicula-Arten (JZ)

- **Fieberklee**,
  Menyanthes trifolata (JZ)

- **Glanzkraut**,
  Liparis loeselii (ML)

- **Karlszepter**,
  Pedicularis sceptrum carolinum

- **Krebsschere**,
  Stratiotes aloides

- **Läusekraut-Arten**,
  Pedicularis –Arten (ML)

- **Lungen-Enzian**,
  Gentiana pneumonthe (JZ)

- Schwimmfarn,
  Salvinia natans

- Seekanne,
  Nymphoides pelata

- **Seerosengewächse**,
  Nymphaeceae (JZ)

- **Sibirische Schwertlilie**,
  Iris sibirica (JZ)

- **Sonnentau**-Arten,
  Drosera-Arten (JZ)

- Sumpfbärlapp,
  Lycopoiella inundata

- Sumpfporst,
  Ledum palustre

- Sumpf-Wolfsmilch,
  Euphorbia palustris (Sle)

- **Wasserfeder,**
  Hottonia palustris (CFi)

- **Zungenblättriger Hahnen-
  fuß**, *Ranunculus lingua* (CFi)

- **Zwergbirke,**
  Betula nana (JZ)

- Wassernuß,
  Trapa natans

- **Wasserschlauch**-Arten,
  Utricula-Arten (AS)

Dr. Alexander Großmann, Pfarrer Daniel Rieger und Pfarrer Reinhold Seibel bei der Einweihung des Moohrlehrpfades Burger Moos im März 2010. (AG)

wissenswert ...

Ein Stück Schöpfung erleben

Aus der Rede von Pfarrer Reinhold Seibel, Stephanskirchen, anlässlich der Einweihung des Moorlehrpfades Burger Moos am 20. März 2010.

„Es gibt viele Wege, schnelle Wege, breite Wege, Rennstrecken. Hier jedoch geht es mit dem Moorlehrpfad um einen recht schmalen und eher kurzen Weg, und genau deshalb ist dieser Weg so bedeutsam. Denn es ist ein großer Unterschied, ob ich rasch an etwas vorbeifahre und es durch eine Auto-Scheibe mit meinen Blick streife, oder ob ich zu Fuß gehe, einen Fuß vor den anderen setze und dabei wahrnehme, was unmittelbar vor mir ist. Sehen, riechen, hören, das bekommt zu Fuß eine ganz andere Qualität.

Heutzutage lernen manche Menschen die besondere Qualität des zu Fuß gehens wieder neu zu schätzen. Etwa wenn manche Pilger Teile des Jakobsweges nach Santiago de Compostella gehen oder wenn sie andere Ziele zu Fuß ansteuern und dabei ganz bewusst den Weg in den Mittelpunkt ihrer Aufmerksamkeit stellen. Der Weg ist das Ziel, behaupten manche. Auf dem Wege sein, beinhaltet für sie oft auch die Erfahrung einer besonderen Nähe Gottes. Indem sie die Welt aus einer ganz unmittelbaren und persönlicheren Perspektive erleben, werden sie auf besondere Weise offen für Gott.

Genau auf diese Art, einen Weg zu gehen, dazu lädt dieser Moorlehrpfad ein. Er führt nicht zu einem Wallfahrtsort, sondern führt uns am Rande dieses kleinen Sees entlang durch das Burger Moos und führt uns hinein in ein seltenes Kleinod der Natur. Wer diesen Weg geht, der kann ein Stück der wunderbaren Schöpfung Gottes hautnah erleben. Für den aufmerksamen Wanderer tut sich die Erkenntnis auf, dass wir Menschen nur Teil eines großen Ganzen sind.

Dieser Weg hilft uns zu begreifen, dass wir Verantwortung tragen für das Ganze, als diejenigen, die zu Mitgestaltern der Schöpfung Gottes geworden sind.

Jesus Christus spricht: „Ich bin der Weg und die Wahrheit und das Leben, niemand kommt zum Vater denn durch mich." (Johannes 14, 6). Im Anschluss an dieses Wort dürfen wir uns orientieren an der Liebe, die von Jesus ausgegangen ist. Sein Weg war der Weg der Liebe, die er den Menschen entgegengebracht hat. Gewiss hat auch er uns Menschen als Teil der guten Schöpfung Gottes verstanden. Was wir im Sinne der Nachfolge von ihm lernen könnten ist, dass wir alle dem Leben verpflichtet sind. Habe Achtung vor dem Leben - und nicht nur dem der Menschen, sondern auch aller anderen Lebewesen – das ist der Aufruf, den dieser Moorlehrpfad hier in die Landschaft schreibt."

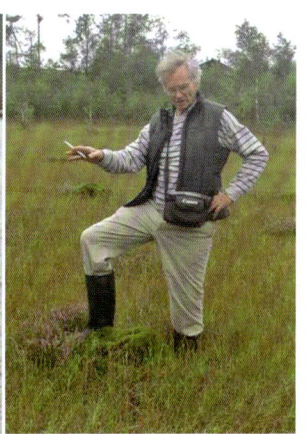

Dr. rer. pol. Alexander Großmann, Dipl. Ing. Cornelia Siuda (bei ihrem Festvortrag), Dipl. Biol. Alfred Ringler (bei einer Moorführung) (AG/AG/CS)

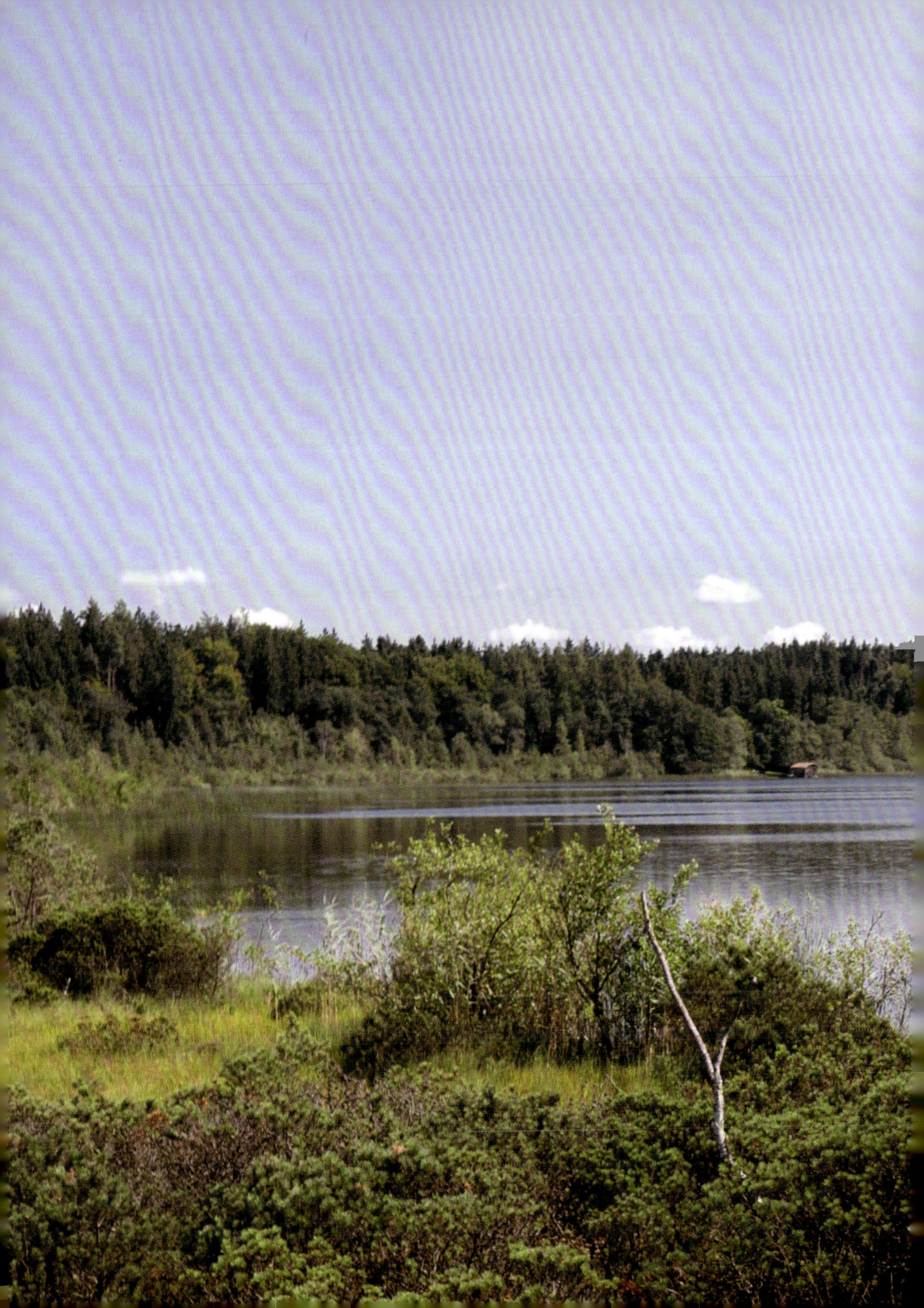

Der Hofstätter See

Eine kurze Anatomie des Sees

Der von Moor und Wald umgebene See liegt etwa 5 km nördlich von Rosenheim zwischen Inn und Simssee. Die Nähe zur Kreisstadt macht ihn zu einem viel besuchten Naherholungsgebiet für Naturfreunde, Wanderer und Badegäste. Es ist vor allem „ein See mit Moor" – beide durchdringen und beeinflussen sich gegenseitig.

Kleiner, flacher Moorsee

Er hat eine Fläche von etwa 60 ha – nicht einmal ein Hundertstel des Chiemsees. Trotzdem gilt er amtlich als „großer" See, weil er größer als 50 ha ist. Sein Wasserinhalt (Volumen) wird auf gut 1,5 Mio. m^3 geschätzt. Die Uferlänge des "Hofi" – wie ihn manche liebevoll nennen - wird mit 3,5 km angegeben. Sein mittlerer Wasserspiegel liegt 483 m über dem Meer. Allerdings schwankt er – stark regenabhängig – um etwa 70 cm. Verwaltungsmäßig gehört der See zur Gemeinde Vogtareuth; im Osten grenzt er ans Gebiet von Prutting.

Der See vom Westen gesehen. (GV)

⇐ Der See von Süd nach Nord fotografiert. (GJ)

wissenswert ...
Seen sind in Bayern Raritäten

In Bayern gibt es nur etwa 200 natürliche Seen, die eine Fläche von mehr als 3 ha aufweisen. (Das viel kleinere Schleswig-Holstein verfügt über etwa 300 Seen.) Die bayerischen Seen nehmen noch nicht einmal ein Tausendstel der Landesfläche ein. Gegenüber den dominierenden Feldern und Wäldern stellen sie also schon wegen ihrer Seltenheit eine landschaftliche Rarität dar. Seen sind aber vor allem auch wertvolle Ökosysteme, bieten Freizeit- und Erholungsmöglichkeiten, dienen als Wasserspeicher (Hochwasservermeidung), der Trinkwassergewinnung und dem Fischfang. Für Limmnologen (Seenkundler) ist ein See „eine wassererfüllte, allseitig umschlossene Hohlform der Landoberfläche, die keinen unmittelbaren Zusammenhang mit dem Weltmeer hat". Seen nehmen übrigens nur 1,8% der Festlandfläche der Erde ein. Im Voralpenbereich sind die meisten Seen durch die ausschürfende bzw. aufschüttende Wirkung von Gletscherzungen entstanden (Glazialseen).

Entstehung

Ein Gletscher schürfte eine Mulde

Ein Seitenarm des Inngletschers hat in langen Eiszeiten eine flache Mulde ausgeschürft, die vom Burger Moos bis ins Stucksdorfer Moos bei Söchtenau reicht und auch Rinser See und Siferlinger See umfasst. Etwa 900 m hoch (Darga, 2009) könnte sich das Eis über dem heutigen Seegrund aufgetürmt haben. „Nur" gut 10.000 Jahre ist es her, dass ein Temperaturanstieg nach der letzten Eiszeit (Würm-Eis/Kaltzeit) den Gletscherarm in einem längeren Zeitraum zum Schmelzen brachte. In dieser Zeit wurde die Ausräumung mit jungen Seetonen ausgekleidet und weitgehend abgedichtet. Offiziell wird das entstandene Gewässer nun als Glazialsee und als „flacher Voralpensee" eingestuft. Er ist also ein Relikt der Eiszeit.

Schon stark verlandet

Nach dem Ende der Würm-Eiszeit siedelten sich erst ganz allmählich im See und an dessen Ufern die ersten Pionierpflanzen wie Laichkräuter, Schwimmblattpflanzen, Binsen und Schilf an. Im Verlauf von Jahrtausenden drang das Moor immer weiter in den See vor. Wissenschaftler sehen ihn heute in einem „fortgeschrittenen Verlandungsstadium". Tatsächlich nimmt das Burger Moos bereits mehr als die Hälfte des ursprünglichen Beckens ein.

Eine Wanne voll Schlamm

Heute ist die bis zu 26 Meter tiefe Seewanne hauptsächlich mit einem aus feinen, nicht zersetzten pflanzlichen Schwebeteilchen bestehenden, schwarzbraunen Schlamm (Mudde) gefüllt. Man könnte ihn deshalb auch als Schlammsee bezeichnen. Die darüberliegende Wasserschicht beträgt meist nur etwa drei Meter, im Nordostteil nur einen Meter.

Ein See *mit* Moor (KL)

Wasseroberflächen sehen überall gleich aus. Das Landschaftsbild von Seen wird von deren Umgebung geprägt. (JZ)

⇦ Inngletscher-Modell im Südbayerischen Naturkunde- und Mammutmuseum, Siegsdorf (AG)

Die grünen Ränder am Moorgraben und Seeufer weisen darauf, dass dort die Nährstoffversorgung wegen angereicherten Wassers besser ist als im Moor selbst. (KL)

Zwischen Wald und Moor

Rein optisch betrachtet stellt ein See lediglich eine glatte oder wellenbewegte Wasserfläche dar. Sein „Gesicht" und seine landschaftliche Schönheit wird von seiner Umgebung geprägt. So wird der Königssee von den steil aufragenden Felsmassiven des Watzmann bestimmt, der Neusiedler See durch riesige Schilfflächen. Im Wasser des Hofstätter Sees spiegeln sich – je nach Standort des Betrachters – die angrenzenden Wälder, die gelb-braunen Moorflächen oder die grünen Wiesen der umgebenden Schotterhügel wider. Und an schönen Föhntagen im Frühling grüßen im fernen Süden die schneebedeckte Gipfel der Alpenkette.

Schnell erwärmt

Ein flaches stehendes Gewässer erwärmt sich schnell und kühlt auch schnell wieder ab. Deshalb gilt der Hofstätter See als einer der wärmsten Seen Oberbayerns. Und so wagen sich oft schon zu Beginn des Frühjahrs die ersten Badegäste - oft Familien mit Kindern - an eine der beiden Badestellen. Im Hochsommer erreicht die Wassertemperatur bis zu 30°. Für Kinder ideal zum unbegrenzten Plantschen, für Erwachsene eine Einladung zum Dauerschwimmen. Für viele Fischarten, wie etwa Renken, Forellen und Saiblinge, ist das Wasser dagegen zu warm und damit zu arm an Sauerstoff. Bei 0° enthält Wasser 15 mg Sauerstoff pro Liter, bei 25° nur noch 8 mg.

Flach, warm und trüb

Der im Sommer vorherrschende Westwind rührt Schlammteilchen vom Seeboden auf, sodass das Wasser sehr trüb wird. (Im Sommer kann man unter Wasser kaum die eigene Hand am ausgestreckten Arm erkennen.) Von den Seen, die nach den europäischen Wasserrahmenrichtlinien monatlich untersucht werden, ist er der einzige „polymiktische (vielfach durchmischte) Flachsee" im Voralpenland. Aufgrund seiner intensiven Durchmischung wird auch der Seegrund (das Benthal) in der Vegetationsperiode ständig mit Sauerstoff versorgt, was das Gedeihen der dort lebendend Wirbellosen wie Kleinkrebse, Insektienlarven und Würmer begünstigt. Außerdem kann die Durchströmung des Seebodens eine gewisse Mobilisierung von Phosphaten aus dem Seeboden fördern und damit auch die Produktivität des Gewässers erhöhen. Wegen der für Seen an sich untypischen ständigen *Durchmischung* und dem Fehlen einer Sprungschicht (Metalimnion) ist der Hofstätter See für strenge Limnologen biologisch lediglich ein Teich.

Die die Trübung des Wassers verursachenden schwebenden Schlammteilchen absorbieren die Strahlungswärme der Sonne und liefern somit einen weiteren Grund für seine schnelle Erwärmung.

Der Grund des Sees ist stark mit Wirbellosen besiedelt. Hier die Larve einer Köcherfliege (*Trioptera*). (JZ)

Das meist sehr trübe Wasser kann allerdings Raubfischen ihre Jagd nach Beute erschweren; Magerformen sind deshalb nicht selten. Bei intensiver Eintrübung im Sommer mag ein gewisser Lichtmangel auch das Wachstum des pflanzlichen Planktons in der Nähe des Seegrundes beeinträchtigen.

Sein Gesicht erhält der Hofstätter See vom umgebenden Wald und Moor sowie von der Alpenkette im Hintergrund. (AG)

Das Kloster erlaubte den benachbarten Bauern in den Moorgräben zu fischen. Hier die beiden großen Wasserarme. (GV)

Vom Klosterbesitz St. Emmeram zur Gegenwart

Urkundlich erwähnt wurde der See schon im Jahre 1036 als „Puchsee" in den Salbüchern (Steuerunterlagen) des Klosters St. Emmeram zu Regensburg. Es beschrieb seine Größe schlicht mit „Eine Stunde im Umfang". In den Fastenzeiten schickte das „Gozhaus" (Gotteshaus) seine Fischer an den ihm gehörenden See. Zeitweise wurde er auch verpachtet. Immer wieder gab es Streit um Fischrechte mit den benachbarten Bauern. Schließlich erlaubte man ihnen, in den „Vachen" (ins Moor reichende Wasserarme) zu fischen. Deshalb legten die Bauern dort wohl auch „künstliche" Gräben an. Ihnen wurde außerdem erlaubt, die auf überschwemmten Moorflächen im Frühjahr laichenden Hechte zu stechen. (Fischstechen ist heute gesetzlich verboten, wurde aber während des zweiten Weltkriegs noch praktiziert). Aus Klosteraufzeichnungen geht hervor, dass man im frühen Mittelalter noch mit dem Kahn vom Hofstätter zum Rinser See fahren konnte. Im Zuge der Säkularisierung ging der See 1803 in Privathand über. 1930 wurde er von Dr. Gustav Großmann, dem Vater des Autors, erworben. Seit 1976 gehört er Dr. Marion Gräfin Deym.

Alexander Graf Deym † mit einem kapitalen Waller (MD)

Die Seebesitzerin Dr. Marion Gräfin Deym ermöglichte durch Verpachtung vielen Sportfischern das Angeln in ihrem Gewässer. (MD)

Der Wasserhaushalt

Seewasser: woher und wohin?

Der See ist ein „stehendes" Gewässer im wahrsten Sinne des Wortes: er hat keinen zufließenden Bach und daher auch keinen Durchfluss wie etwa der Chiemsee. Seinen Wassernachschub erhält der See in erster Linie durch *Regenwasser* – direkt vom Himmel, aber mehr noch aus den umliegenden flachen Hängen. Dieses Niederschlagseinzugsgebiet umfasst etwa 620 ha; es ist also zehnmal so groß wie der See selbst.

Außerdem wird er mit *Grundwasser* versorgt: bei einer Untersuchung im Jahr 2006* wurden über 100 unterirdische Quellaustritte (*Limnokrenen*) im See festgestellt. Das Grundwasser stellt demnach ein „zweites Bein" für die Wasserversorgung des Sees dar. Die aufstoßenden Quellen bilden im Winter oft kreisrunde Löcher im Eis. Darüber hinaus weisen auch zahlreiche „Zeigerpflanzen", wie z.B. Schneidried, auf weitere Grundwasseraustritte im Burger Moos hin.

Der geringe Wasser-Überschuss aus Moor und See fließt in einem schmalen Graben in den nördlich benachbarten Rinser See. Welche Anteile Regen- und Quellwasser tatsächlich an der Wasserversorgung des Sees haben und wie viel Wasser durch *Verdunstung oder Versickerung ins Grundwasser* verloren geht, wurde bisher in einer „Wasser-Bilanz" noch nicht ermittelt.

Im komplexen Wasserversorgungssystem zwischen Hofstätter und Rinser See führt dieser Graben bei hohen Wasserständen dem tiefer liegenden Rinser See Wasser aus dem Hofstätter See zu. (AG)

Grundwasser aus Quellaustritten ist nach Niederschlägen ein wichtiger Wasserspender. (CS)

⇐ Ein schmaler Graben, der kaum Zulauf genannt werden kann, führt Wasser aus den westlichen Hängen ins Burger Moos und den See (CS)

* Siuda/Ringler, Pflege- und Entwicklungskonzept für das Burger Moos mit Hofstätter See und Rinser See, 2006.

Nährstoffe bestimmen das Leben

Jeder See stellt ein eigenständiges, weitgehend geschlossenes Ökosystem dar. Alle Seen bestehen aus Wasser, aber sie unterscheiden sich stark durch Menge und Zusammensetzung der im Wasser gelösten mineralischen Pflanzen-Nährstoffe. Sie bestimmen das „Leben unter Wasser" – also welche Pflanzen und Tiere in welchen Mengen dort vorkommen. Dementsprechend teilt man Gewässer in eutrophe (nährstoffreiche) und oligotrophe (nährstoffarme) ein. Ein Zwischenstadium wird als mesotroph bezeichnet.

Phosphatgehalt ist ein Schlüsselfaktor

Die beiden wichtigsten Pflanzennährstoffe sind Phosphor- und Stickstoffverbindungen. Dabei ist das Vorkommen von Phosphor der ausschlaggebende „Minimumfaktor". Er besagt, dass das Pflanzenwachstum durch die knappste Ressource (hier Phosphate) beschränkt wird. Das Wasserwirtschaftsamt Rosenheim ermittelte im Hofstätter See nur „geringe bis sehr geringe" Phosphatgehalte, klassifizierte ihn aber trotzdem als „eutroph", wohl nicht zuletzt weil die starke Bewegung des Seewassers auch eine Mobilisierung von Phosphaten aus den Bodensedimenten zur Folge haben kann.

Von Algen zum Fisch

Um den Zusammenhang zwischen den beiden erwähnten „Grundnahrungsmitteln" und der Produktivität an Biomasse eines Gewässers zu verstehen, hier eine vereinfachte Darstellung der **Nahrungskette**:

- Phosphor- und Stickstoffverbindungen stellen als Ausgangspunkt die Hauptnahrung von pflanzlichem Plankton (Algen) und Wasserpflanzen dar.
- Pflanzliches Plankton ist wiederum das "Futter" von tierischem Plankton und Kleintieren.
- Tierisches Plankton (Zooplanton) und wirbellose Kleintiere bilden die Nahrungsgrundlage für Friedfische und junge Raubfische.
- Raubfische wie Hechte oder Waller leben hauptsächlich von Friedfischen und von kleineren Raubfischen.

Das Ende der Nahrungskette bilden Raubfische wie der Hecht. (AH)

Wissenschaftler sprechen übrigens lieber von einem Nahrungsnetz als von einer Nahrungskette, weil die Zusammenhänge in Wirklichkeit komplizierter sind. Zum Beispiel ernähren sich Zooplankter nicht nur vegetarisch von Phytoplanktern, sondern auch „kannibalisch" von kleineren Artgenossen und Bakterien.

Pflanzliches Plankton ist wichtiger als die sichtbaren Wasserpflanzen (*Hydrophyten*) - im Bild eine Grünalge. (AH)

Die Pflanzen des Sees

Pflanzen über und unter Wasser

Bei Pflanzen im See denkt man natürlich in erster Linie an die sofort ins Auge fallenden Bestände von Schilf, Binsen und auch Seerosen. Viel bedeutsamer sind jedoch die überwiegend mit bloßem Auge gar nicht wahrnehmbaren im Wasser schwebenden mikroskopisch kleinen Ein- und Mehrzeller - das Plankton. In jedem Tropfen Seewasser ist wahrscheinlich mindestens ein Plankton enthalten.

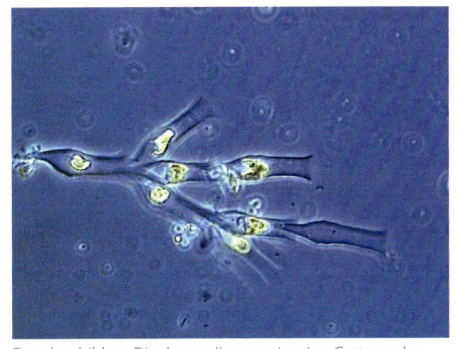

Das abgebildete *Dinobryon divergens* ist eine Gattung der goldbraunen Algen. (AH)

Der Begriff **Plankton** leitet sich ab vom griechischen Wort planktos = umherschwimmend. Es gibt pflanzliches und tierisches Plankton.

Das **pflanzliche Plankton** oder *Phyto-Plankton* - im Sprachgebrauch als Algen bezeichnet - ist für das Leben im See besonders wichtig, weil es die Hauptnahrung für das tierische Plankton (Zoo-Plankton) bildet. Dieses wiederum stellt die Nahrungsgrundlage für viele Fische dar. Phyto-Plankton hat also eine Schlüsselfunktion für die Produktivität eines Gewässers. Vereinfacht könnte man sagen: Viel Phyto-Plankton ergibt am Ende viel Fisch.

Zu erinnern ist vielleicht an dieser Stelle, dass das erste Leben (vor 2,7 Mrd. Jahren) im Meerwasser entstand und dass die heute auch noch im Süßwasser vorhandenen Grünalgen die Vorläufer unserer heutigen Landpflanzen sind. Noch bedeutsamer ist jedoch, dass nahezu die Hälfte des photosynthetisch auf der Erde gebildeten Sauerstoffs aus Algen stammen. Die „grüne Lunge" unseres Planeten ist nicht der tropische Regenwald, sondern es sind die Ozeane, Seen und Flüsse.

Unglaublich produktiv

Phytoplankter produzieren aus anorganischem Ausgangsmaterial (Wasser, Kohlendioxid, Phosphate, Nitrate) im Prozess der *Photosynthese* organische Substanzen. Dabei sind sie unglaublich produktiv: bei guter Versorgung mit Licht und Nährstoffen können sie an nur einem Tag durch Wachstum und Vermehrung bis

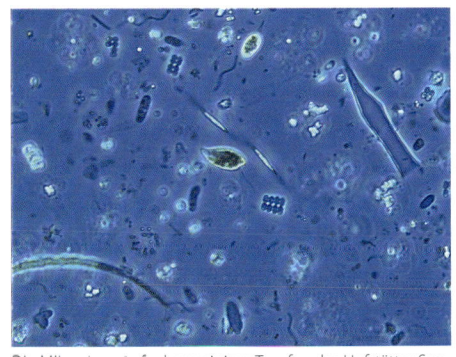

Die Mikroskop-Aufnahme einiger Tropfen des Hofstätter See Wassers gibt einen Eindruck von der Fülle und Vielfalt des für uns unsichtbaren aber wichtigen Planktonlebens. (LfW)

zum Achtfachen ihrer Biomasse herstellen. So günstige Bedingungen herrschen allerdings nur im Frühjahr und im Sommer. Das Vorkommen von Phytoplankton schwankt stark im Jahresverlauf. Deshalb gibt es auch ein großes Auf und Ab beim

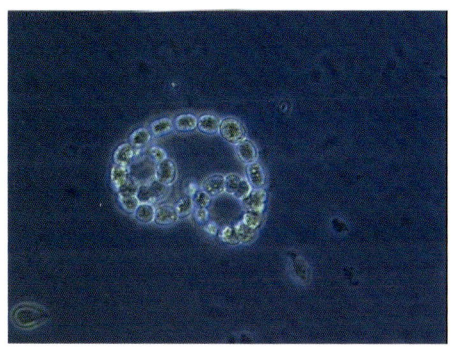

Anabaena gehört zu den „Blaualgen", die eigentlich (winzige) Bakterien sind. (AH)

Bestand von Zooplankton und damit auch des Nahrungsangebots für Friedfische.

Die Größe der artenreichen Phytoplankter reicht von 0,2 bis 20 tausendstel Millimeter. Ein Menschenhaar ist etwa 60 tausendstel Millimeter dick. Im See kommen viele Arten von Grünalgen, Kieselalgen und „Blaualgen" vor; letztere in Anführungstrichen, weil sie eigentlich Bakterien sind. Bis zu zwei Millionen Bakterien haben in einem Teelöffel Platz.

Die Wasserpflanzen

Neben dem pflanzlichen Plankton spielen die großen, „normalen" **Wasserpflanzen (Hydrophyten)** nach Zahl und Masse im See eine eher nachgeordnete Rolle. Sie sind zwar deutlich sichtbar und prägen als Schilf, Binsen und Laichkräuter vor allem die ufernahe Seelandschaft. Auch im Hinblick auf Artenvielfalt und Produktivität bleibt jedoch das Phytoplankton weit überlegen. Freilich nehmen Wasserpflanzen als Lebensraum für Kleinalgen, für viele kleine Wassertiere und als Laichplatz und Versteck für Fischbrut trotzdem wichtige Funktionen im See wahr.

Eine Grobeinteilung der Wasserpflanzen in drei Kategorien liegt nahe:

1. untergetauchte (submerse), im tieferen Wasser stehende Pflanzen,

2. im flachen Wasser in Ufernähe wurzelnde Pflanzen und

3. Uferpflanzen.

Zur ersten Gruppe der untergetauchten, selten aus dem Wasser ragenden **Laichkräuter** gehören das verbreitete Ähriges Tausendblatt (*Myriophyllum spicatum*) und das Krause Laichkraut (*Potagometon crispus*). Beide erschrecken gelegentlich Schwimmer durch ihr Bauchkratzen.

Flachwasserbewohner

In flachen Buchten des Sees und in Moorgräben findet man den hübschen

Das im Schlamm wurzelnde Ährige Tausendblatt (*Myriophyllum spicatum*) ist im See häufig anzutreffen. Beliebter Standort von Hechten. (AH)

Fieberklee (*Menyanthes trifoliata*). Die kaum sichtbaren ehemaligen Torflöcher im Südwesten des Burger Mooses bewohnt der frei flottierende Froschbiss (*Hydrocharis murus-ranae*) – eine der

Die früher vermutete fiebersenkende Wirkung des Fieberklees konnte nicht nachgewiesen werden. Der Fieberklee gilt in Deutschland als gefährdet und steht unter strengem Schutz. (ML)

wenigen dreizähligen Blütenpflanzen unserer Heimat. Dort ist der Wasserkörper angefüllt mit kleineren Laichkräutern, darunter auch dem stark gefährdeten Grasartigen Laichkraut (*Potamogeton gramineus*).

Eine Besonderheit des Hofstätter Sees sind die Massenbestände des Teichschachtelhalms (*Equisetum fluviatile*). Schachtelhalme sind die letzten Überlebenden einer artenreichen Familie aus Perm und Karbon (etwa 300 Mio. Jahre v.Chr.)

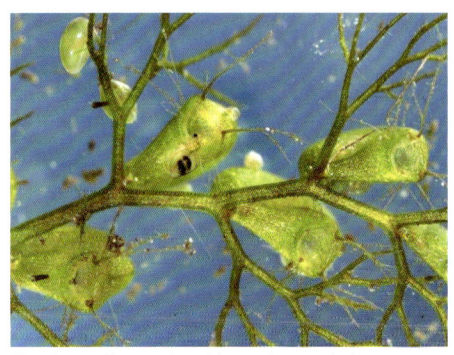

Mit seinen raffinierten Fangblasen erbeutet der Gemeine Wasserschlauch viele Insektenlarven. Er gehört zu den Carnivoren, den „Fleischfressenden" Pflanzen. (AI I)

Ein raffinierter Krebsfänger

Interessant ist vor allem der in stillen flachen kleinen Uferbuchten frei schwebende **Gemeine Wasserschlauch** (*Utricularia vulgaris*). Wasserflöhe (*Cladoceren*) und Muschelkrebschen (*Ostracoden*) tummeln sich unvorsichtigerweise zwischen seinen bis 1 m langen Trieben, an denen Hunderte von Fangblasen sitzen, die von Beuteresten oft schwärzlich gefärbt sind. Die keulenförmigen Drüsenhaare der Bläschenklappe sondern einen

Dieser Froschbiss (*Hydrocharis morsus ranae*) steht in einem Tümpel neben dem Steg, ziemlich im Westen. (AG)

für die Gewässertierchen attraktiven Schleim ab. Sobald ein Krebschen eines der schlanken Sinneshaare berührt, bewegen sich die unter beträchtlicher Spannung stehenden Blasenwände mit einem blitzschnellen Ruck nach außen. Die Klappe schnellt nach innen. Das Beutetierchen wird ins Blaseninnere gerissen. Sogleich schließt sich die Klapptür wieder. Das Ganze passiert in 1/500 Sekunde, und der Sog ist so heftig, dass selbst Insektenlarven und Würmer, deren Länge die des Bläschens mehrmals übertrifft, hineingerissen werden. Bevor der Verdauungsvorgang einsetzt, saugt die Pflanze wieder das gesamte Wasser

Gewitterwolken ziehen auf (JZ)

aus dem gefüllten Bläschen heraus. Die Klapptür schließt so dicht, dass von außen kein neues Wasser eindringt. Die Verdauungssäfte können also unverdünnt auf die Beute einwirken. Drüsen im Blaseninneren sondern Verdauungsenzyme wie Esterase, Phosphatase und Protease sowie Benzoesäure (die „Salzsäure" des Wasserschlauch-„Magens") ab. Die Eiweißbausteine der Krebschen werden aufgesogen und vom Wasserschlauch zu arteigenem Pflanzeneiweiß rekombiniert. Die Wasserschlauchpflanze hat sich also Tausende von kleinen tierischen

Das Schwimmende Laichkraut ist an flachen Stellen des Sees häufig anzutreffen. (JZ)

Mägen angeschafft. Ist der Verdauungs- und Aufsaugvorgang beendet, kehrt das Bläschen wieder in seine hochgespannte Fangstellung zurück und erwartet die nächste Beute. Die unverdaulichen Panzer der Krebschen bleiben im Bläschen. Erst wenn dieses fast ganz mit harten Resten gefüllt ist, fällt es ab.

Weithin sichtbare und begehrte Fotoobjekte sind **Schwimmblattpflanzen** wie die Weiße Seerose (*Nymphea alba*). Ein ausgedehntes Seerosenfeld am Nordwestende des Sees ist in den letzten Jahrzehnten auf ein Drittel zurückgegangen. Dass sie zu den streng geschützten Pflanzen zählt, kümmert anscheinend manche „Naturfreunde" wenig. In früheren Jahren gab es dort auch einige Gelbe Teichrosen (*Nuphar lutea*).

Schilfstreifen mit davorliegendem Seerosenfeld. (AG)

An vielen nicht allzu tiefen Stellen ist das unscheinbare Schwimmende Laichkraut (*Potamegon natans*) anzutreffen). Oft formt es größere grüne Teppiche auf dem braunen Moorwasser des Sees.

Breite Binsen- und Schilfgürtel

An einigen Stellen gibt es in Ufernähe im Wasser stehende **Schilfbestände**. In den letzten Jahrzehnten hat sich Schilf (*Phragmites australis*) - vor allem auf hartem Seegrund - sogar neu angesiedelt,

Die früher ausgedehnten Teichbinsen-Felder des Sees haben sich in den letzten Jahrzehnten mehr als halbiert. Hier die herbstlich Gelbfärbung. (JZ)

während man in einigen Voralpenseen gegen dessen Rückgang ankämpft. Die oft bis in 1½ m Wassertiefe vordrängenden Röhrichte bieten der Fischbrut Schutz vor Räubern und ein gutes Nahrungsangebot für Plankton und wirbellose Kleintiere wie Wasserkäfer und Libellen- sowie Mückenlarven. Nicht allzu häufig ist als Mitbewohner von Röhrichten der Breitblättrige Moorkolben (*Typha latifolia*) anzutreffen.

Großseggen bilden an vielen Ufern des Sees mächtige Horste – oft gute Verstecke für Stockente-Nester. (AG)

Binsen verschwinden

Der größte Teil des flachen Nordostteil des Sees war früher von **Teichbinsen** (*Scirpus lacustris*) besiedelt; dieser Bestand ist aus bisher ungeklärten Gründen fast verschwunden. Stark reduziert ist auch der Binsengürtel entlang des westlichen Seeufers vor dem Buchwald. Hier könnten vielleicht Bisamratten die Sünder gewesen sein, denn am Ufer treiben häufig abgebissene grüne Binsenstengel auf dem Wasser. Fast jede Binsenblüte ist von einem Spinnennest überzogen, und wer durch ein Binsenfeld rudert, bekommt dauernd Spinnfäden ins Gesicht.

Im Uferbereich

Der größte Teil des ganzen **Seeufers** von 3,5 km Länge wird von Moorpflanzen, in erster Linie von Großseggen (*Carex elata*) gebildet. In ihren Horsten wurzelt an einigen Stellen der imposante, mannshohe Zungenhahnenfuß (*Ranunculus lingua*) und der giftige Wasserschierling (*Cicuta virosa*). An die Seggenhorste schmiegt sich hin und wieder die leuchtend gelb blühende Sumpfschwertlilie (*Iris pseudocorus*). Am Wasserrand gedeiht auch der Zwerg-Igelkolben (*Sparganium minimum*). Dicht an der

Zungen-Hahnenfuß (*Ranunculus lingua*) wird mannshoch (ML)

Die Breitblättrigen Moorkolben (*Typha latifolia*) werden auch gerne für Trockensträuße verwendet. (ML)

Uferkante finden sich gelegentlich kleine Bestände der dekorativen breit- und schmalblättrigen Moorkolben (*Typha latifolia* und *Typha angustifolia*). Zwischen die klassischen Uferbewohner drängt sich gelegentlich auch die Gewöhnliche Teichsimse (*Schoenoplectus laxustris*), deren schwere Ährenbüschel ihre Halme oft nach unten ziehen.

Üppiges Pflanzenwachstum weist auf reiche Nährstoffversorgung z.B. durch Quellaufstöße hin. (AG)

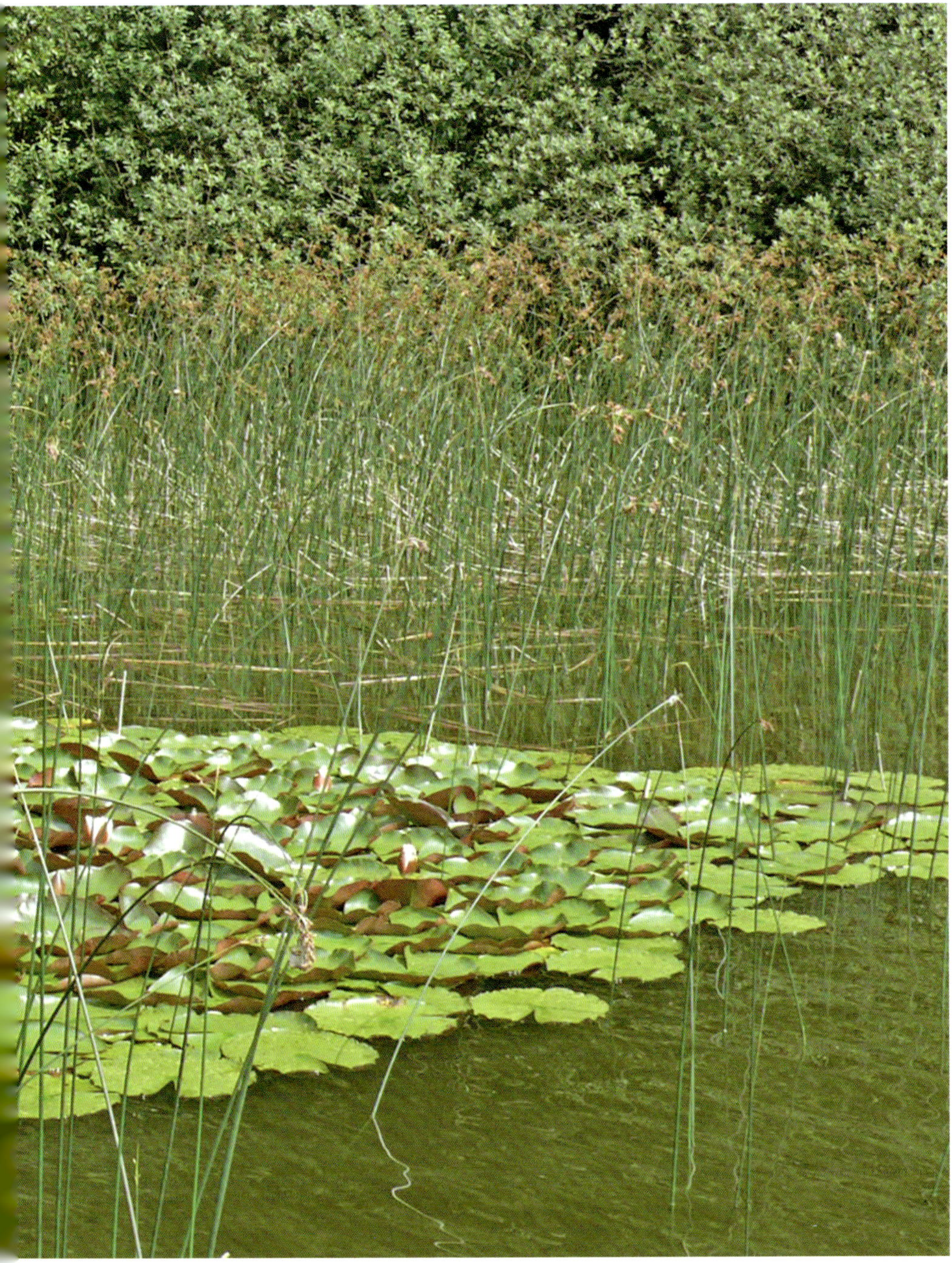

Die Tiere des Sees

Die Tierwelt des Hofstätter Sees

Die Tiere, die der Seebesucher normalerweise fast ausschließlich sieht, sind Wasservögel *auf oder über* dem Wasser. Tatsächlich findet jedoch ein tausendfach vielfältiges Tierleben **unter der Wasseroberfläche** im eigentlichen **Wasserkörper** des Sees statt. Mit ihm wollen wir uns hauptsächlich beschäftigen.

Unsichtbare dominieren

Dort sind die nach Zahl und Gewicht wichtigsten „Tiere" nicht die Fische, sondern Mikroorganismen, die mit bloßem Auge gar nicht wahrnehmbar sind, nämlich die Ein- und Mehrzeller des *Zooplankton*. Sie stellen die Hauptnahrung für Friedfische und junge Raubfische bis zu 10 cm Länge dar und bilden damit das wichtige vorletzte Glied in der Nahrungskette.

Zooplankter leben von Algen

Diese kleinsten Schwebtiere leben hauptsächlich von Schwebalgen, aber auch von kleineren Zooplanktern und Bakterien. Sie haben eine Größe von 50 tausendstel Millimeter (etwa Haaresbreite) bis zu einem ganzen Zentimeter. Ihre Hauptvertreter sind Wasserflöhe (*Cladoceren*) und Hüpferlinge (*Copepoden*).

Weltweit werden 40 000 Arten des Flohkrebses vermutet. (JZ)

Im Gegensatz zu den meist nur umhergetriebenen Algen können sich viele Zooplankter-Arten auch fortbewegen. Sie suchen am Abend oberflächennahe Wasserschichten auf und wandern am Morgen wieder in größere Tiefen. Denn

Der Gemeine Wasserflohkrebs (*Daphnia pulex*) wird bis zu 3 mm groß und tritt oft massenhaft auf. (AH)

nahe der Oberfläche gibt es zwar mehr Phytoplankton, aber vor allem auch mehr Zooplankter fressende Fische. Ihnen versuchen sie durch ihre Tag/Nacht-Wanderung auszuweichen.

Der lateinische Namen *Cyclops* des Hüpferlings knüpft an die ebenfalls einäugigen mythologischen Kyklopen an. (AH)

⇦ Larven der Stechmücken (*Culdinidae*). Die Weibchen brauchen zur Eiproduktion eine Blutmahlzeit. (AH).

Wirbellose Kleintiere

Die *Wasseroberfläche* stellt auch für viele kleine Organismen einen Besiedelungsraum dar. Immer wieder faszinierend ist es, wie **Wasserläufer** ruckartig über die Wasseroberfläche huschen, ohne „sich naß zu machen" und unterzugehen. Unmittelbar unter der Wasseroberfläche tummeln sich zahlreiche Insektenlarven. Jeder hat schon einmal beobachten können, wie sich Larven der Stechmücke (*Culidicida*) in einer Regenwassertonne mit dem Haarkranz ihres

In Ufernähe huschen häufig die langbeinigen Wasserläufer über die Seeoberfläche. Feinste Härchen an ihren Beinen sorgen dafür, dass sie nicht einsinken. (JZ)

Die unter Wasser lebenden Stechmückenlarven sind Luft-Atmer und müssen deshalb mit ihrem Luftrohr am Schwanzende immer wieder an die Wasseroberfläche kommen. (JZ)

Atemrohrs ans Oberflächenhäutchen hängen. Bei Windstille sieht man, wie sich auf der spiegelglatten Wasseroberfläche ständig überall kleine Ringe bilden; Verursacher sind kleine Weißfische, die nach Larven von Mücken oder anderen Insekten schnappen.

Im ufernahen Flachwasser, in seichten Buchten, aber auch am Seegrund tummeln sich vor allem viele Kleintierarten. Siuda/Ringler fanden im Burger Moos 205 Arten *wasserlebender Wirbelloser* (Eintags-, Stein- und Köcherfliegen, Libellen, Wasserkäfer, Wasserwanzen, Zweiflügler, Krebse, Egel, Wasserschnecken und Muscheln), von denen 79 in der Roten Liste Bayern und/oder Deutschland geführt werden.

Die Wasserspinne ist die einzige unter etwa 25 000 Spinnen-Arten weltweit, die nur unter Wasser lebt. (AH)

Viele davon kommen auch im Hofstätter See vor, einige sind recht interessant, wenn auch vom „normalen" Besucher kaum zu entdecken.

Das gilt zum Beispiel für die stark gefährdete **Wasserspinne** (*Argyroneta aquatica*) die einzige Spinne der Welt, die nur unter Wasser lebt. Auch in den

104

tieferen Schlenken des Zwischenmoores baut sie ihre 15 mm breite Taucherglocke, die ihr als Wohnraum, Eßzimmer, Hochzeitskammer und Aufzuchtstation dient. Silberspinne heißt sie auch, weil sie bei allen Ausflügen stets mit einer silbrigen Lufthaut überzogen ist. Sie spinnt sich eine Tauchglocke und füllt sie mit ihren Beinen, die sie wiederholt über die Wasseroberfläche hält, mit Luft. Die an ihren Beinhaaren hängende Luft streift sie unter Wasser ab. In ihrer Tauchglocke verzehrt sie ihre Beute, dort findet auch ihre Begattung statt und dort legt sie schließlich bis zu 100 Eier ab. Kleinkrebse, Wasserasseln und Larven sind ihre Lieblingsspeisen.

In ihrer meist einjährgien Lebenszeit häuten sich die Larven der Eintagsfliegen bis zu 25 mal. (JZ)

Das Vorkommen des Gelbrandkäfers im See scheint rückläufig zu sein. (AH)

Eintagsfliegen (Ephemeraoptera) verbringen die größte Zeit ihres Lebens als Larven unter Wasser. (AH)

Eine große Rolle im Lebensraum Flachwasser spielen freilich auch **Insektenlarven** von Libellen und von Stein-, Eintags- sowie Schlammfliegen. Nur wenige wissen, dass man außer den am See oft sehr lästig in Schwärmen auftretenden Stechmücken dort auch noch harmlose Arten wie Zuck- und Büschelmücken findet.

In Ufernähe hält sich auch der **Gelbrandkäfer** (*Dydiskus marginalis*) auf, der sich von Insektenlarven Wasserschnecken, Kaulquappen bis zu toten Fischen ernährt. Er ist ein Schwimmkäfer, der aber auch über Land fliegen kann. Unter den 63 Wasserkäferarten stellt der Dicke Tauchschwimmkäfer (*Ilybius crassus*) ein vom Aussterben bedrohtes Glazialrelikt dar. Keinen Schönheitspreis würden bei Laien die nur selten anzutreffenden

Die Große Teichmuschel (Anodonta cygnea) war früher auf dem Schlammgrund des flachen Nordteil des Sees häufig anzutreffen. (AH)

Schwimmwanzen (*Naucoridae*) erhalten.

Nicht leicht zu sehen bekommt man auch die sich meist am Grund aufhaltenden **Wasserschnecken**. Stark zurückgegangen (wie auch an anderen Seen) ist die oft bis zum Vorderende tief im Schlamm steckende Gemeine Teichmuschel (*Anodonta anatina*).

Die gefährdete kiemenatmende Sumpfdeckelschnecke legt als einzige ihrer Art keine Eier, sondern bringt lebende Junge zur Welt. Sogar vom Aussterben bedroht sind die Zierliche Tellerschnecke und die Erbsenmuschel (*Pisidium pseudosphaerium*).

Noch bis in die 1970er Jahre stimmten **Teichfrösche** (*Rana esculanta*) tausendstimmige Froschkonzerte an. Sie sind fast völlig verstummt und nur noch vereinzelt zu sehen. Aus den Froscheiern (Froschlaich) entwickeln sich in einem Zwischenstadium Kaulquappen.

Nicht fehlen darf freilich in einem richtigen Moorsee der früher in der Medizin häufig eingesetzte **Blutegel** (*Hirudo medicinalis*). Noch Mitte des 19. Jahrhunderts verkaufte ein Blutegelzüchter über eine Million Exemplare im Jahr. Auch wenn man heutzutage längere Zeit mit nackten Beinen im Moor stehen bliebe, hätte man kaum Chancen, sich einen Blutsauger „einzufangen".

Belebter Seeboden

Der Seeboden (das Benthal) ist nur vor der großen Badestelle und am östlichen Nordufer kiesig (Wichtige Laichplätze für Zander). Der ganze übrige **Seegrund** besteht aus einer oft viele Meter dicken Schlammschicht, die sich in Jahrtausenden aus abgestorbenen, nicht verfaulten Pflanzenresten gebildet hat.

Wegen der geringen Tiefe des Sees wird das Wasser an seinem Boden während des Sommers durch Wind ständig

Die prächtige Posthornschnecke (Planebarius corneus) lebt hauptsächlich von Plankton und abgestorbenen Pflanzenresten. (AH)

mit Oberflächenwasser durchmischt und gut mit Sauerstoff versorgt. Der Seeboden bietet deshalb ungewöhnlich gute Lebensbedingungen für Kleinkrebse, Würmer und Insektenlarven wie etwa der Köcherfliege Diese unter Wasser lebenden Wirbellosen stellen für bodenorientierte Friedfische wie Karpfen, Weißfische und Schleien eine wichtige Nahrungsquelle dar. Weitere Benthalbewohner (*Makrozoobenthos*) sind die Wasserassel, der Flohkrebs , der Muschelkrebs und der Schlammröhrenwurm

Kuriose Funde am Seeboden

Im Schlamm eines meist sehr trüben Moorsees gibt es selbst für erfahrene Taucher keine sensationellen Funde zu machen. Immerhin verfing sich in einem Zugnetz einmal der Schädel eines Rehbocks, der vielleicht im Eis eingebrochen sein mag.

Noch bis in die 1930er Jahre empfanden manche den See als eine praktischen Ort, um nicht verrottenden Hausmüll los zu werden. So „entsorgte" man verrostete Küchengeräte, löchrige Kochtöpfe und zerbrochenes Geschirr am Nordostufer des Sees.

Im zweiten Weltkrieg warf ein amerikanischer Bomber einen leeren glänzenden Aluminiumtank ab, der vor der kleinen Badestelle am Nordwestufer (genannt Blauer Blick) landete; sein Ende ragte noch einige Zeit aus dem Schlammboden. Nach Kriegsende versenkte man Handfeuerwaffen und Panzerfäuste im nördlichen Teil des Sees, denn auf Waffenbesitz drohte die Todesstrafe. Amerikanische Soldaten beschlagnahmten die Gebäude der heutigen Seewirtschaft

Die Sumpfdeckelschnecke (*Viviparus contectus*) ist eine lebendgebärende Grundbewohnerin. (JZ)

und kurvten mit Sturmbooten der deutschen Wehrmacht auf dem See herum. Dabei kenterte ein Boot und der Außenbordmotor versank im Seeboden.

Stark zurückgegangen ist die Population von Teichfröschen. (JZ)

Die Vögel

Auf und über Wasser - die Vögel

Zu den weithin sichtbaren und sehr beliebten Tieren des Sees gehören natürlich die **Wasservögel**. Wie auch an anderen Seen des Chiemgaus brüten am Hofstätter See Möwen, Stockenten und Graugänse, gelegentlich auch Schwäne (Höckerschwan, *Cygnus olor*). Allerdings ist die früher bis zu 200 Nester umfassende Möwen-Brutkolonie im Nordosten des Sees völlig verschwunden. Möglicherweise, weil zu viele Plastik- und Schlauchboote die brütenden Vögel beunruhigt haben.

Einige Paare von Graugänsen ziehen ihre Jungen am See auf – und verunreinigen die seenahen Wiesen. Auch Blässhühner und Haubentaucher lassen sich offenbar auch vom intensiven Badebetrieb nicht vergraulen. Immer wieder sieht man Graureiher und manchmal auch die weißen Silberreiher (*Ardeo alba*) wie versteinerte Statuen im flachen Uferbereich des Westens stehen und nach Fischbeute Ausschau halten. Nur sehr selten geben dagegen die von den Fischern gehassten Kormorane und Gänsesäger ein kurzes Gastspiel am See.

Blässhühner tauchen zur Nahrungsaufnahme bis zu 3m tief. (JZ)

Der Haubentaucher (*Podiceps cristatus*) brütet im Schilfröhricht am Land und bevorzugt fischreiche Gewässer. (JZ)

Nur vereinzelt kommen Schwanenpaare an den See. Früher brütete manchmal ein Schwanenpaar auf einer Seggen-Insel im Süden. (AS)

⇐ Graugänse kurz vor der Landung (JZ)

Die Lachmöwe (*Choicocephalus ridibundus*) brütete früher auf bis zu 200 Nestern im Norden des Sees. (JZ)

Ein doppelt atypisches Graureiher-Bild: er steht meist in einem Seggenfeld und fängt sicher selten einen so großen Hecht. (AH)

Silberreiher (*Ardea alba*) sieht man meist vorsichtig watend oder in starrer Haltung im Flachwasser stehend. Neuerdings ein Paar auf der mittleren Ostseite des Sees. (AH)

Die Fische

Kleiner See mit großen Fischen

Für Fische ist ein flacher, warmer, nicht gerade nährstoffreicher Moorsee nicht gerade ein optimaler Lebensraum. Zwar wird er amtlich als eutroph (nährstoffreich) eingestuft, doch neigt der Autor dazu, ihn eher für ein Gewässer im Übergangsstadium (mesotroph) zu bezeichnen.

Hierfür gibt es mehrere Gründe: erstens ist der Hofstätter See besonders „sauber" im dem Sinne, dass er keine Abwasserzuströme empfängt und auch wenig Einträge von landwirtschaftlichem Dünger aufweist. Zweitens verhindert die starke Eintrübung durch aufgewirbelte Schlamm-Teilchen im Sommer eine gute Lichtversorgung des ganzen Wasserkörpers. In tieferen Wasserschichten kann deshalb pflanzliches Plankton, das die Grundlage der Nahrungskette darstellt, kaum gedeihen. Drittens wird das Seewasser im Sommer so warm, dass eine Reihe von Fischarten wie Forellen, Saiblinge und Renken wegen Sauerstoffmangels gar nicht vorkommen. Die beiden letztgenannten Faktoren – Licht und Sauerstoff – sind zwar keine „Nährstoffe", aber doch wichtige Lebensgrundlagen für Fische.

Viele Fische – wenig Arten

Ob ein See zahlenmäßig fischreich oder fischarm ist, hängt natürlich auch davon ab, wie stark er befischt und wie stark er künstlich besetzt wird. Gegenwärtig wird er von Sportfischern intensiv befischt und von einem Fischereiverein als Pächter auch stark besetzt. Die geschilderten Lebensbedingungen lassen allerdings nur eine beschränkte Zahl von Arten zu.

Zahlenmäßig gibt es im See mehr Friedfische als Raubfische. Die größten Populationen von Friedfischen stellen wiederum die kleinen Rotfedern und Rotaugen dar. An zweiter Stelle dürften die grätigen Brachsen kommen. Sie sind hier allerdings zu Hungerformen degeneriert („verbuttet") und werden kaum schwerer als 200 g. Sie dienen wohl nur noch als Raubfischfutter.

Als wohlschmeckend gelten schließlich die nicht allzu häufig vorkommenden Schleien. Ein guter Urbestand an Schuppenkarpfen erlaubt geduldigen Anglern immer wieder kapitale Fänge. Alle Friedfische leben in erster Linie von tierischen Planktern und von wirbellosen Kleintieren wie Insektenlarven, Würmern, Kleinkrebsen und Schnecken.

Beliebte Raubfische

Das letzte Glied der „Nahrungskette"

Ein großer Fang ist meist Glücksache. Hier der Autor mit seinem größten Hecht. (AG)

bilden natürlich die bei den Sportfischern so beliebten Raubfische wie Hecht, Waller, Zander und Aal. Erst in den 1950er Jahre wurde der erste Aal im Hofstätter See gefangen. Bis zur Mitte der 1970er

← Der schuppenlose Waller zeichnet sich durch ein breites Maul, winzige Augen und kleine, nach innen gerichtete Zähne aus. Der Haken sitzt meist fest in in einem Maulwinkel. Liefert meist keinen aufregenden Drill. (AH)

Jahre nahm sein Bestand so dramatisch zu, dass man besondere Fangaktionen erwog. Inzwischen scheint sich sein Vorkommen normalisiert zu haben. Ziemlich klein bleiben hier auch die Barsche, die sich jung von Kleintieren ernähren, später auch von Fischen.

Raubfische fressen in erster Linie Jung- und Friedfische, gelegentlich aber auch Frösche, kleine Säugetiere, Vögel und Schlangen. Der Autor fing einmal einen Waller, der eine junge Bisamratte im Magen hatte und beobachtete einen Hecht, wie er eine kleine Schlange im Schilf erbeutete. Ein dicker Aal raubte ein Möwenkücken am hellen Tag.

Schlechte Futterverwerter

Die „Futterverwertung" der Raubfische ist sehr ungünstig. Nach alter Fischerregel muss ein Raubfisch mindestens 10 kg Friedfisch fressen, damit er um 1 kg zunimmt. Erfahrungen aus der Zucht von Forellen und Saiblingen bestätigen diese Relation.

Immer noch relativ gut ist der Bestand an den inzwischen bedrohten nachtaktiven Aalen, die sich aber nicht leicht mit der Handangel erbeuten lassen. Der erst in den 1930er Jahren eingesetzte Zander hat sich im trüben Wasser gut eingelebt und vermehrt. Zeitweise wurde sogar Zander-Laich „geerntet", künstlich erbrütet und die begehrten Besatzfische wurden verkauft.

Riesige Waller

Unter den Raubfischen dürfte im See der Hecht – auch aufgrund von Besatzmaßnahmen - zahlenmäßig dominieren. Danach kommen der Zander (beißt nur zögerlich) und der urige, vor allem nachtaktive Waller. Mehrere Trophäen-Exemplare seiner Gattung mit Gewichten über 25 kg und Längen von mehr als 1,80 m gingen in den letzten Jahrzehnten glücklichen Fischern an die Angel.

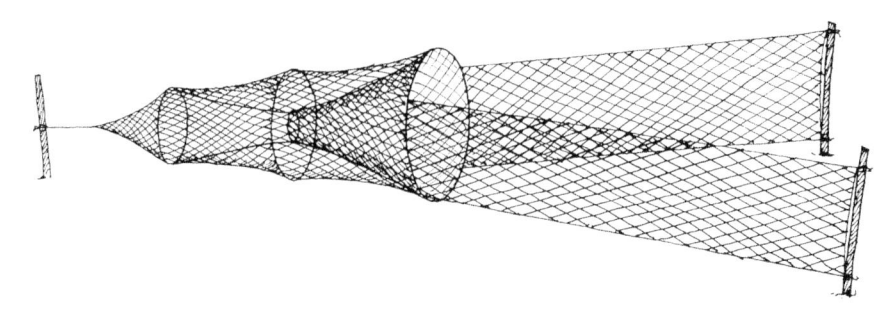

Die klassische Flügelreuse ist ein wichtiges Gerät für Berufsfischer zum Fang von Aalen, Schleien und Weißfischen. Entnommen aus: Paul Höfling, Die Chiemsee-Fischerei, 1987

Waller/Wels (*Silurus glanis*) (AH)

Der Wels wird in Deutschland bis zu drei Meter lang und bis zu 250 kg schwer und ist damit der größte deutsche und europäische Süßwasserfisch. Sein schuppenloser glatter Körper ist am Kopf abgeplattet und am Schwanz zusammengedrückt. An seiner Oberlippe hängen zwei lange Barteln. Ober- und Unterkiefer sind mit feinen Zähnen besetzt, sodass sich größere Fische mit ins Maul gestecktem Daumen gut ins Boot ziehen lassen. Er laicht im Mai vornehmlich im Flachen an Seggenhorsten. Der Wels ist vor allem nachtaktiv und gilt als ein besonders gefräßiger Räuber. Seebesitzer und Fischereivereine zögern deshalb häufig mit dem Besatz von Welsen. Da in Bayern ein Nachtfangverbot existiert, haben Sportfischer nur in der Dämmerung Chancen, einen Waller zu erbeuten. Einmal an der Angel liefert er keinen aufregenden Drill. Der Fanghaken sitzt meist sehr fest in einem Maulwinkel. Früher verwendete man oft Autoreifen um Ruderboote in Bootshäusern vor gegenseitiger Beschädigung zu schützen. Nicht selten fand man kleine Welse in den im Wasser hängenden Reifen. Ausgewachsene Waller verstecken sich gerne tagsüber unter Höhlungen und Baumwurzeln. Als Speisefisch wird der Waller hoch geschätzt. Der im Fischhandel angebotene Waller stammt meist aus Teichkulturen (z.B. in Ungarn).

Hecht (*Esox lucius*) (AH)

Der Hecht ist unter dem gegenwärtigen Regime der Sportfischerei der am häufigsten gefangene Raubfisch. Er geht sehr agresssiv auf seine Beute zu und liefert wegen seiner kraftvollen Gegenwehr oft einen aufregenden Drill. Gelegentlich werden Prachtexemplare mit über 10 kg erbeutet. Er hält sich im Sommer gern in den Sauerstoff spendenden Laichkraut-„Wäldern" auf; bei jedem Wurf fängt man dort jedoch hauptsächlich Pflanzenbündel. Neben Rotaugen, Rotfedern, Barschen und jüngeren Geschlechtsgenossen verschmäht er auch nicht Frösche, Vögel und Schlangen. Wegen seiner starken Neigung zum Kannibalismus, kann er in Teichen kaum gezüchtet werden. Er laicht gleich nach der Eisschmelze auf überschwemmten Seggenwiesen.

Das Kloster St. Emmeram erlaubte früher den benachbarten Bauern dort Hechte zu schlagen. An den zahlreichen großen und scharfen Zähnen im Maul eines zappelnden Hechtes kann sich der stolze Angler beim Entfernen des Hakens leicht verletzen.

In abgebildeter Größe bis zur Fangfähigkeit werden jährlich Hechte vom Anglerverein Isaria eingesetzt. (CS)

Zander (*Sander lucioperca*)   (AH)

Der Zander gehört in die Familie der Barsche (Percidae). Eine große stachelige Rückenflosse und sehr fest sitzende Schuppen gehören zu seinen Hauptmerkmalen. Bei vielen Kennern ist er der beliebteste Süßwasser-Speisefisch wegen seines festen, grätenlosen Fleisches. Beißt vorsichtiger als der Hecht und geht nur an langsam gezogene Köder. Wegen seines relativ kleinen Mauls bevorzugt er kleine Fische. Professionell lässt er sich mit Stellnetzen und Aalschnüren gut fangen. Der erst in den 1930er Jahren in den Hofstätter See eingesetzte Fisch hat sich dort hervorragend entwickelt. Mit seinen großen Augen kommt er wohl besonders gut mit dem trüben Wasser des Sees zurecht. Er baut sich von April bis Mai auf kiesigem Untergrund flache Laichgruben, die er energisch bewacht.

wissenswert …
Die Dichteanomalie
Warum die Fische nicht erfrieren

Im Prinzip sammelt sich in einem See warmes Wasser oben und kaltes sinkt nach unten, weil warmes Wasser leichter und weniger dicht ist als kaltes. Aber ab 4° wird alles anders: denn ab 4° bis 0° wird Wasser schwerer, sinkt deshalb nach unten auf den Seeboden und bleibt dort flüssig. Diese „Dichteanomalie" sorgt dafür, dass Fische nicht erfrieren. Sie leben unterm Eis bei stark herabgesetztem Stoffwechsel. Das sich unter 0° bildende Eis ist leichter als Wasser und schwimmt deshalb immer oben. Bei zunehmender Kälte dehnt es sich sogar immer mehr aus - auch der Grund, warum jedes Jahr tausende Wasserrohre bei starkem Frost von expandierendem Eis zerrissen werden.

Aal *(Anguilla anguilla)* (AH)

Dieser wohlbekannte schlangenartige Fisch ist erst nach dem Zweiten Weltkrieg im Hofstätter See zugewandert. In den 1970er Jahren ist er so stark in Erscheinung getreten, dass man ihn auch durch intensive Befischung kaum mehr kontrollieren konnte. Inzwischen hat sich das Blatt gewendet: die Aalbestände sind überall drastisch zurückgegangen und eine europäische Aalschutzinitiative versucht, die vorhandenen Restbestände zu erhalten. Mecklenburg-Vorpommern plant sogar, den Fisch auf die Rote Liste der bedrohten Tierarten zu setzen. Das bestehende Nachtfischverbot setzt auch bei diesem Fisch dem Fang durch Sportfischer Grenzen. Professionell wird der Aal am besten mir Flügelreusen gefangen. Alle Aale stammen aus dem Laichplatz in der Sargassosee (um die Bermuda-Inseln). Die durchsichtigen bis zu 6 cm langen Larven (Glasaale) wandern binnen drei Jahren nach Europa zurück und suchen über Flüsse und Bäche ihre endgültigen Lebensräume auf. Der Aal ist als Laichräuber gefürchtet, wird aber trotzdem in vielen Seen (z.B. Chiemsee) künstlich besetzt.

Flußbarsch (*Perca fluvialis*) (AH)

Der Barsch ist ein mit einer stacheligen vorderen Rückenflosse bewehrter Raubfisch. In Bayern auch Schratz genannt. Sein Köper ist durch breite senkrechte Streifen gekennzeichnet. Ist in Flüssen, Seen und Teichen anzutreffen. Kommt im Hofstätter See – nach den Weißfischen – relativ häufig vor, tendenziell eher rückläufig. Ausgewachsene Barsche jagen gelegentlich gemeinsam und treiben kleinere Fische zusammen, um sie auf diese Weise leichter erbeuten zu können. Dient hauptsächlich als Raubfischnahrung, wird aber auch von Sportfischern geangelt. Er bleibt hier aber relativ klein (selten über 15 cm). „Schratzenfilet" gilt bei Kennern als Delikatesse. Deshalb wir der Barsch am Chiemsee von Berufsfischern mit kleinmaschigen Netzen gefangen.

Gemeiner Sonnenbarsch (*Lepomis gibbosus*) (AH)

Ein erst in jüngster Zeit in den See (aus Nordamerika kommend) eingeschleppter frecher Fremdling, der einen in die Wade zwickt, wenn man seinem im Kies angelegten Laichnest zu nahe kommt. Vorkommen im See noch nicht allzu häufig. Ernährt sich von Wirbellosen, von Laich, Fischbrut und kleinen Fischen. Wird im See nur etwa 15 cm groß. Fischereilich bedeutungslos. Aus ökologischer Sicht kein willkommener Einwanderer.

Vom ebenfalls aus Amerika stammender Forellenbarsch (*Mikropterus dolomieui*) wurden in den 1930er Jahren einzelne Exemplare gefangen. Scheint im See nicht auf Dauer heimisch geworden zu sein.

Karpfen (*Cyprinus carpio*) (AH)

Im See kommt hauptsächlich der am ganzen Körper mit Schuppen bedeckte Schuppenkarpfen (wie im Bild) vor. In den 1930er Jahren wurden Karpfen vom damaligen Seebesitzer mit einer Länge von über 40 cm mit dem heutzutage verbotenen Fischspeer beim Laichen erlegt. Gegenwärtig erzielen geduldige und geschickte Sportfischer gute Fänge dieses scheuen und vorsichtigen Fisches. Er schlürft oft den angebotenen Köder mehrmals ein und stösst ihn wieder aus, bevor er zubeißt und schluckt. Der Karpfen sondiert und durchwühlt gerne den Seeboden vornehmlich nach Wirbellosen, nimmt jedoch als Allesfresser auch Pflanzenteile oder die von den Anglern angebotenen vegetarischen Köder wie Mais oder Brot auf. In Zuchtanstalten legen Karpfen bis zu 800.000 Eier ab und werden über 30 Jahre alt. Die von Mönchen (Fastentage!) schon früh gepflegte Karpfenzucht wird weiterhin vor allem in ausgedehnten Teichanlagen Mittelfrankens betrieben.

Schleie (*Tinca tinca*) (AH)

Der Friedfisch gehört zur großen Familie der Karpfenartigen (Cyprinidae). Wird im See selten über 20 cm groß. Auffallend sind seine gelblichen kleinen Schuppen. Sein Fleisch wird höher geschätzt als das der Karpfen. Er wird deshalb auch ganz gerne geangelt. Leider wohl auch von Raubfischen bevorzugt. Der bodenorientierte Fisch profitiert von der besonders reichen Kleintier-Fauna auf dem Schlammgrund. Manche Exemplare „möseln" – schmecken nach Schlamm - und sollten deshalb vor Verzehr einige Tage im Leitungswasser gehalten werden.

Brachse (*Abramis brama*) (AH)

Neben Rotfeder und Rotauge der am See am häufigsten vorkommende Friedfisch. Er ist ausgeprägt bodenorientiert und durchsucht mit seinem vorstülpbaren Maul den Bodenschlamm nach Würmern, Insektenlarven, Muscheln und Kleinkrebsen. Geschlüpfte Jungtiere beginnen ihre Nahrungsaufnahme mit pflanzlichem und tierischem Plankton, mit Hüpferlingen, Wasserflöhen und Insektenlarven. Brachsen neigen im See – wie auch andere „Weißfische" - zur Massenvermehrung. Sie werden im Chiemsee bis zu 50 cm und einige Kilogramm schwer; im Hofstätter See bleiben sie meist unter 20 cm lang und wiegen höchstens 200 g („Verbuttung"). Auch wegen ihres Grätenreichtums werden die kleinen und mageren Brachsen des Sees als Speisefische verschmäht.

Rotauge, Plötze *(Rutilus rutilus)* (AH)

Rotaugen sind leicht durch ihre namengebenden roten Augen von den sonst sehr ähnlichen Rotfedern zu unterscheiden. Sie sind ein in Schwärmen lebender Massenfisch im See und sind noch vor Rotfeder wohl Hauptnahrung für alle Raubfische. Das Rotauge nimmt neben Insektenlarven, Würmern, Schnecken und Kleinkrebsen auch oder überwiegend pflanzliche Nahrung auf, ist also ein Allesfresser (Omnivore). Sein endständiges Maul deutet darauf hin, dass es weniger bodenorientiert ist als das Rotauge. Im See werden auch die Rotaugen nicht groß genug, um als Speisefisch infrage zu kommen. Während Rotaugen in nahrungsreichen Gewässern bis zu 30 cm lang werden, neigen sie im See mit einer maximalen Größe von etwa 15 cm zu Zwergwuchs. Weil sein Fleisch nicht besonders wohlschmeckend und dazu noch grätenreich ist, wird er heute kaum noch konsumiert. Von den Anglern wird es gerne als Köderfisch für Hechte, Zander und Waller eingesetzt.

Rotfeder *(Scardinius erythrophthalmus)* (AH)

Die Rotfeder zählt zur großen Familie der Karpfenähnlichen (*Cyprinidae*) und ist ein Schwarmfisch. Ihre Flosse hat ein tieferes Rot als die der Rotaugen. Sie ist ebenfalls ein Massenfisch, der sich hauptsächlich von tierischem Plankton, von diversen Wirbellosen und von Anfluginsekten ernährt. An windstillen Abenden sieht man auf dem spiegelglatten See hunderte, immer wieder entstehende Wasserringe, die von nach Insekten schnappenden Rotfedern hervorgerufen werden. Auch ihr oberständiges Maul ist besonders geeignet, Insektennahrung von der Wasseroberfläche aufzunehmen. Im See neigen auch die Rotfedern zu Zwergwüchsigkeit. Als Speisefisch haben haben sie keine Bedeutung. Angler fangen sie nur, um sie als Köder – in einem „System" mit Angelhaken versehen - für Raubfische zu verwenden. Kindern wird gelegentlich erlaubt, vom Steg aus Rotfedern und Rotaugen mit Brotkrümeln oder Würmern mit der Handangel zu fangen. Im eher nahrungsarmen See stürzen sich die hungrigen Fischlein meist wie Piranhas auf die angebotenen Leckerbissen.

Profi-Fischfang mit Flügelreuse

Der Fischfang

Die klassische Nutzung eines Sees ist natürlich der Fischfang. Während bei früheren Seebesitzern der professionelle Fischfang zum Fischverkauf im Vordergrund stand, steht jetzt bei Anglern das sportliche Interesse im Vordergrund. Derzeit ist das Fischrecht an den Anglerbund Isaria München e.V. verpachtet. Der Verein unterhält ein Bootshaus für vier Ruderboote und einen Anglersteg. Er wendet erhebliche Mittel für den Besatz von Zandern und Hechten auf.

Gefangen werden von den Sportfischern hauptsächlich Hechte, Karpfen, Zander, Waller, Aale, Schleien und Barsche.

Als „Mitfischer" sind an einigen oberbayerischen Seen zahlreiche **Kormorane** aufgetreten, die zum Teil die Fischbestände vor allem von Renken erheblich reduzierten. Am Hofstätter See wurden sie bisher nur vereinzelt gesehen.

Bootshaus für vier Ruderboote des Anglervereins Isaria. (JZ)

Mit diesem handgeschmiedeten Fischerspeer wurden noch in den 1930er und 40er Jahren schwere Karpfen und gelegentlich sogar Hechte erbeutet. (AG)

Der eigens für Fischer angelegte Steg wird vor allem für den Fang von Karpfen, Schleien und Barsche benutzt. (JZ)

⬅ Dr. Philipp Großmann fängt an seinem Braminsee in Brandenburg mit Flügelreusen Aale, Hechte, Zander und Weißfische. Gelernt hat er es als Knabe am elterlichen Hofstätter See. (AG)

Früh übten sich die Söhne Alexander (links) und Phillip (rechts) des Autors im Wallerfang am Hofstätter See. (AG)

Nutzungen: Fischen, Baden, Wandern

Zahlreiche Gäste schätzen das Gewässer als **Badesee** vor allem wegen seiner relativ hohen Wasser-Temperaturen. Amtlich nachgewiesen ist im Seewasser „ein sehr deutlicher Anteil" der gesundheitsfördernden Huminsäure. Aber auch wegen seines moorigen, „weichen", kalkarmen Wassers. Der flache Kiesstrand und die Liegewiesen an der Südostseite des Sees sind wichtige Anziehungspunkte.

Oberhalb des langen Badestrandes gibt es einen großen **Parkplatz**, der auch gerne von Wanderern benutzt wird.

Eine gut geführte und stark frequentierte Wirtschaft („**Strandhaus**") lädt nicht nur zum Brotzeitmachen ein. Der schattige Biergarten bietet auch eine schöne Aussicht über den See – am Abend mit Sonnenuntergang.

Schwimmen darf jeder

Dass die Badegäste der Seebesitzerin für ihre Nutzung des Gewässers nichts zahlen müssen, haben sie übrigens den seit altersher in Bayern bestehenden **Gemeingebrauchsrechten** zu verdanken.

Sonnenuntergang (AG)

Kurioserweise darf man danach auch in Privatgewässern nicht nur umsonst schwimmen, sondern auch ohne besondere Erlaubnis sein Pferd oder Vieh tränken oder ein Modellboot fahren lassen. Aber Hunde dürfen an den Badestellen freilich nicht ins Wasser.

Ein See auch für Wanderer

Noch häufiger als von Badegästen wird der See fast ganzjährig von Spaziergängern, Wanderern und Joggern „umgangen",

Blick von der kleinen Badestelle am Blauen Blick im Nordwesten des Sees. (JZ)

weil See und Moor zu allen Jahreszeiten ganz unterschiedliche landschaftliche Erlebnisse bieten. Der *Seerundweg* ist etwa 5 km lang. Ein von der Biologin Cornelia Siuda und dem Verfasser gestaltete „Moorlehrpfad Burger Moos" verläuft zum größten Teil auf diesem Wanderweg. Er wurde vom Landesamt für Umwelt als „Geo-Lehrpfad" klassifiziert und von einem Tourismusverband warm empfohlen.

Herbststimmung am Nordende des Sees. (AG)

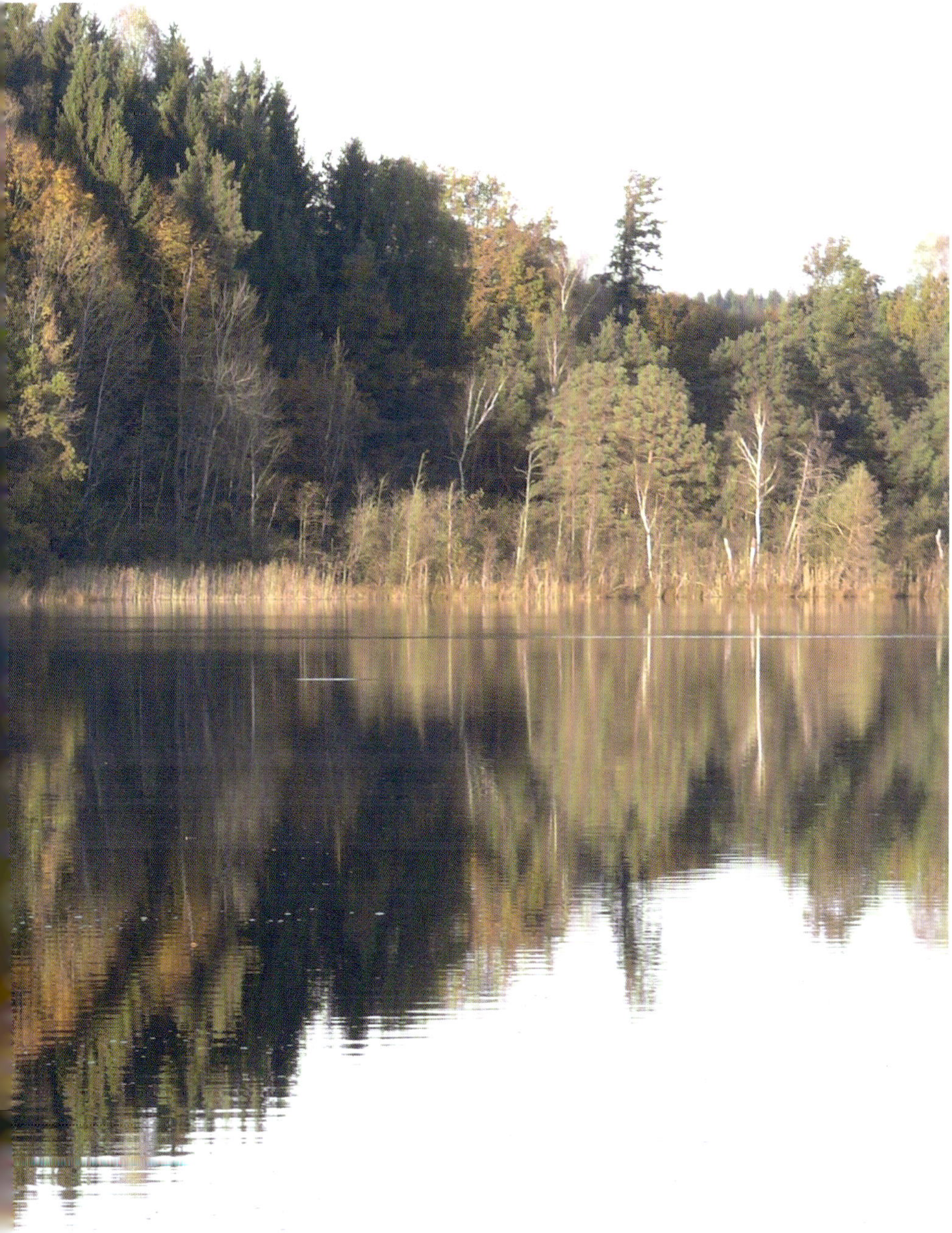

Gefahr: Austrocknung

Gefahren, Schutz und Erhaltung

Was könnte die ursprüngliche und reichhaltige Flora und Fauna des Hofstätter Sees – oft als „Naturjuwel" gelobt – beeinträchtigen und was sollte man zu dessen Erhaltung und Schutz unternehmen?

Das Moor am Nordostrand des Sees ist durch Nährstoffeinträge aus der Landwirtschaft in den letzten Jahrzenten stark verbuscht. (AG)

Das Schlimmste was einem See passieren kann ist **Austrocknung**. Diese Befürchtung erregte die Niederbringung eines großen Bohrlochs zur Grundwasser-Entnahme ganz in der Nähe des Sees durch die Stadt Rosenheim. Die Stadt plante die jährliche Förderung von 3 Mio. m³ Wasser – das entspricht der doppelte Menge des Seeinhalts. Ein Absinken des Seewasserspiegels hätte zwangsläufig vor allem die wertvolle Flora des Burger Mooses geschädigt. Der Bürgerinitiative „Schutzgemeinschaft Hofstätter und Rinser See zur Verhinderung der Grundwasserentnahme" und einem aufmerksamen Landratsamt ist es wohl zu verdanken, dass dieses Vorhaben ad acta gelegt wurde.

Wenig Nährstoffeinträge

Weitere Gefahrenquellen wären: abwasserbelastete Zuflüsse aus benachbarten Siedlungen und Nährstoffeinträge (von Mineraldünger oder Gülle) aus den an wenigen Stellen angrenzenden landwirtschaftlichen Flächen. Tatsächlich hat der See jedoch keinen Zufluss. Und er ist hauptsächlich von Wald und von Moor umgeben, die kaum Nährstoffe abgeben. Unterhalb von landwirtschaftlich genutzten Feldern wirkt der Moorgürtel als Auffangpuffer für Düngereinträge. Dies bewirkt allerdings eine zunehmenden *Verbuschung und Verwaldung* der

So ähnlich könnte ein durch Grundwasserentnahme leergelaufener See aussehen. Tatsächlich handelt es sich um die Entsorgung von Torfschlamm eines Kurbetriebes. (AW)

betroffenen Moorteile. Deshalb wurde vorgeschlagen, alle landwirtschaftlichen Nutzflächen, die an die Moorflächen und Ufersäume grenzen, zu extensivieren.

Verlandet der See?

Eine Gefahr der völligen Verlandung des Hofstätter Sees besteht lediglich auf sehr lange Sicht. Denn es hat immerhin

Ein Graben führte nährstoffangereichertes Wasser aus dem östlich des Burger Mooses gelegenen Sonnenwald ins Moor und ließ so eine mitten ins Moor reichende „Bruchwaldzunge" entstehen. (KL)

über 10.000 Jahre gedauert, bis das Burger Moos etwa 62 % des „Ur-Sees" eingenommen hat. Aber völlig auszuschließen ist das Zuwachsen eines Sees keineswegs. Immerhin sind drei Seen in der weiteren Umgebung schlichtweg verschwunden: der Haslacher See bei Söchtenau, der Arxtsee bei Bad Endorf und der Litzelsee im Daxerholz südlich von Prutting.

Die Verlandung eines Gewässers beginnt mit im Tiefen stehenden, untergetauchten Wasserpflanzen wie Laichkräutern, wird gefolgt von im Seichten wurzelnden Schwimmblattpflanzen wie Seerosen, Schilf und Binsen und endet mit uferbildenden Seggen (Sukzession). In den letzten hundert Jahren haben sich einige Wasserarme im Moor verengt und eine im Wasser stehende Seggenwiese hat sich zu einer Moordecke verfestigt; aber ein fortschreitendes „Zuwachsen" des Sees war kaum wahrzunehmen.

Naturschutz geboten

Zur Seenatur gehören nicht zuletzt die dort lebenden und brütenden Wasservögel. Zumindest bei den Möwen hat die stark intensivierte Befahrung des Sees mit Schlauchbooten, aufblasbaren Ruderbooten, Kajaks und festen Padelbooten zur weitestgehenden Vertreibung der Möwen geführt. Dies sollte ein weiterer Grund sein, den Hofstätter See und das Burger Moos *unter Naturschutz* zu stellen, wie dies von Biologen und Naturschützern schon seit Langem gefordert wird. Bei den Eggstätter Seen hat eine solche

Zu viele Paddel- und Schlauchboote auf dem kleinen See haben Möwen und andere Brutvögel vom See vertrieben. Erweiterter überwachter Naturschutz scheint dringend geboten. (AG)

Maßnahme bereits den Bootsbetrieb unterbunden.

Gut überwacht

Das Wasser des Hofstätter Sees wird mehrmals jährlich vom Wasserwirtschaftsamt Rosenheim untersucht, so dass gravierende Veränderungen zum Beispiel durch eine Eutrophierung (übermäßiger Nährstoffeintrag) durch dieses „Frühwarnsystem" schnell bemerkt würden.

In einer romantischen Landschaft haben auch Sportfischer noch mehr Spaß an ihrem Hobby. (JZ)

Anhang

Vier Motive für einen Besuch

Warum besuchen viele Rosenheimer und Landkreis-Nachbarn den Hofstätter See und das Burger Moos? Dafür gibt es ganz unterschiedliche individuelle Gründe zu unterschiedlichen Jahreszeiten.

Doch vorweg: **wie kommt man dorthin?** Zur Vororientierung schauen Sie bitte auf die **Karte** auf der hinteren Umschlaginnenseite des Buches. Von Rosenheim fährt man mit dem **Auto** zunächst über den Inn nach Schloßberg und biegt dort nach links in Richtung Vogtareuth/Wasserburg ab, um nach etwa 5 km dem Wegweiser „Hofstätter See" und dem grünen Pfeil „Moorlehrpfad Burger Moos" zu folgen. Nach 2 km Fahrt durch den Sonnenwald liegt links unübersehbar ein **Parkplatz** für die Besucher des großen Badeplatzes mit Liegewiese und der Seewirtschaft „Strandhaus". (Navi: 83134 Prutting, Forst am See 3). Mit **öffentlichem** *Verkehrsmittel* erreicht man Rundweg und See am besten mit DB Oberbayernbus von Bahnhof Rosenheim (und Haltestellen in der Stadt) bis zur Haltestelle Aign (Fahrplan der Linie 9415 unter www.rvo-bus.de).

Diesen langen Strand entlang nach Süden führen zunächst Moorlehrpfad und Seerundweg. (AG)

Sein Gesicht erhält der Hofstätter See vom umgebenden Wald und Moor sowie von der Alpenkette im Hintergrund. (AG)

Motiv Nr. 1: Im Sommer: Sonnen und Baden

Schon im Frühjahr zieht es viele zum Sonnen und Baden an den Hofstätter See, weil er so nah liegt und weil sich sein Wasser so schnell erwärmt. Den feinkiesigen Ufergrund schätzen auch Kinder. Eine weitere Attraktion ist die schöne Liegewiese in ländlicher Umgebung. Der Parkplatz ist nie überfüllt und eine Seewirtschaft mit Biergarten namens „Strandhaus" lädt zum Brotzeitmachen ein.

Ausdauernde Schwimmer überqueren den See bis zum schräg gegenüber liegenden „Blauen Blick", wo sich eine kleine zweite Badestelle mit ebenfalls kiesigem Grund und einem Bootshaus für die Sportfischer befindet.

In den 1930er Jahren, als es noch kaum PKW gab, brachte im Sommer morgens ein Postbus die Badegäste zum See und

Bei Sonnenschein im warmen Sommer ist wohl Sonnen und Baden das Hauptmotiv für den Seebesuch. (AG)

holte sie abends – mit lautem Hupsignal – wieder ab. An den Waldbäumen lehnten damals hunderte Fahrräder.

Motiv Nr. 2: Wandern und Landschaft genießen

Doch gebadet und gesonnt wird eigentlich nur an warmen Sommertagen. *Ganzjährig* kommen dagegen zahlreiche Wanderer und Spaziergänger, um die landschaftliche Schönheit dieser waldumsäumten Urlandschaft zu genießen. Ein etwa 5 km langer, gut beschilderter *Seerundweg* (siehe Karte auf hinterer Umschlaginnenseite) bietet zahlreiche, recht unterschiedliche Ausblicke auf die einzelnen Moorteile und den See aus verschiedenen Perspektiven. Der erste Teil des am Strandhaus beginnenden Rundweges ist identisch mit dem Moorlehrpfad Burger Moos (ca. 3 km = hin und zurück, etwa 45 min Gehzeit). Auf 14 großformatigen reich bebilderten Informationstafeln wird viel Wissenswertes über See und Moor vermittelt.

Blick vom Beobachtungsturm in Richtung See mit herbstlich-dürrem Schilf. (GJ)

Eltern erklären gerne ihren Kindern einiges übers Moor anhand der Lehrtafeln. (AG)

Der inzwischen gut besuchte Pfad wurde vom Landesamt für Umwelt als „Geo-Lehrpfad" klassifiziert und vom Tourismusverband Chiemsee-Alpenland besonders empfohlen: „6 Sterne für Erlebnis und 5 Sterne für Landschaft".

Ein besondere Höhepunkte der Lehrpfad-Begehung ist der weite Blick übers Moor, den ein **Beobachtungsturm** am Waldrand bietet. Hoch gelobt wird von den Besuchern ferner ein 400 m langer **Holzsteg** mitten durchs Burger Moos, der dessen Tier- und Pflanzenwelt hautnah erleben lässt. Am Rand des Steges lässt sich z.B. der niedrige Strauch einer kleinblättrigen Strauch-Birke (*Betula humilis*) entdecken - eine stark gefährdete botanische Rarität aus der Eiszeit. Meist wuseln auch etliche Waldeidechsen auf

Vertrocknetes Schilf säumt im Herbst den langen Steg durchs Moos. (AG)

den warmen Brettern herum.

Verlassen Sie bitte den Steg möglichst nicht, denn in und neben Schlenken, könnten Sie leicht im Moor versinken.

Und nehmen Sie bitte auch keine Moorpflanzen als Andenken mit, viele von ihnen stehen unter strengem Naturschutz.

Am Ende des Steges geht es in einem kleinen Laubwald steil bergauf, bis man auf eine Schotterstraße trifft. Der Seerundweg biegt hier scharf nach rechts in nördliche Richtung ab.

An dieser Stelle haben Sie die Möglichkeit einen Abstecher zum „Botenwirt" mit Biergarten zu machen (siehe Karte Umschlaginnenseite hinten). Koch ist dort der Original-Italiener Mario Sterrantino.

Der Mitten im Moos stehende Brotzeit-Tisch wird gern benutzt. (GJ)

In nördlicher Richtung weitergehend passieren Sie den höhergelegenen Weiler Hofstätt und erreichen die letzte Lehrpfadtafel 14. Von dort aus haben sie eine vorzüglichen Blick über einen großen Teil des Burger Mooses und den Südteil des Sees.

Durch einen grünen Tunnel aus Erlen und Weiden des Bruchwalds führt ein Steg quer durchs Burger Moos. (AG)

Wer gut zu Fuß ist, sollte dort nicht umkehren, sondern weiter rund um den See wandern. Das ist in einer knappen Stunde zu schaffen.

Nach Hofstätt führt der Rundweg eine ziemlich lange Strecke oberhalb des Sees durch den Buchwald. Kurz nach Eintritt in den Wald biegen Kenner - entgegen dem Wegweiser - rechts ab und folgen dem näher am See gelegenen Weg bis zur kleinen Badestelle mit Bootshaus am Blauen

Vom höhergelegenen Weiler Hofstätt hat man einen besonders guten Überblick über Moos und See. (AG)

Vom Nordende des Sees kann man über den ganzen fast 2 km langen See schauen. (GJ)

Blick. Hier hat man eine besonders wei-

Am Blauen Blick hat man den schönsten Blick auf See, Wald und die Alpenkette. (AG)

te und schöne Aussicht über den See und die dahinterliegende Bergkulisse. Nach einigen hundert Metern Waldweg

Nach Durchwanderung des Sonnenwaldes erkennt man die grünen Felder des östlich des Sees gelegenen flachen Drumlinhügels. (AG)

hat man wieder einen freien Blick über das kleinere nördlich des Sees gelegene Moorgebiet und die voralpine Hügel-landschaft. Kurz nach Überquerung des schmalen Seeausflusses wenden sich Weg und Straße wieder nach Süden in Richtung Ausgangspunkt.

Von der östlich des Sees nach Süden führenden Straße ist am gegenüber liegenden Westufer das Bootshaus am Blauen Blick auszumachen. (AG)

Motiv Nr. 3: Essen, Trinken und Schauen im Biergarten

Nach ihrer Wanderung um den See werfen sich viele gerne ins erfrischende Wasser. Andere holen sich gleich eine zünftige Brotzeit im meist stark besuchten Biergarten des Seewirts Georg Labeck, der persönlich seine Grill-Spezialitäten vor den Augen seiner Gäste zubereitet. Bei gutem Wetter wird der Blick übern See noch durch einen fast kitschigroten Sonnenuntergang verschönt.

Je nach Tageszeit und Wetterlage bietet der See ein ganz unterschiedliches Bild. Hier spiegeln sich beim Blick nach Norden drohende Wolken auf dem Wasser. (JZ)

Vom Biergarten des „Strandhauses" hat man einen schönen Ausblick übern See. (AG)

Sonnenuntergang vom Biergarten der Seewirtschaft aus aufgenommen. (AG)

Motiv Nr. 4: Winterfreuden bei Eis und Schnee

Moor und See sind ganz verschieden zu erleben: bei Tagesanbruch, in Mittagshitze, bei Windstille, bei Sturm und Gewitter im Hochsommer und bei Kälte, Eis und Schnee im tiefen Winter.

Eine waldumsäumte, schneebedeckte weiße Eisfläche ist natürlich etwas ganz anderes als ein städtisches Eisstadion. Auch ein reifüberzogenes Moor bietet ein besonderes Naturerlebnis.

Winterfreuden am See sehen für jeden anders aus: das reicht vom schlichten Spazierengehen über das Schlittschuhlaufen und den Skilanglauf bis zum Eisstockschießen.

Jeder kann den Winter am See nach seiner Fasson genießen.

Nur eines darf man nicht vergessen: niemand sagt einem, wann das Eis sicher trägt und niemand warnt einen, wenn es brüchig wird. Deshalb ist bei Winteranfang und Saisonende besondere selbstverantwortliche Vorsicht geboten.

Eisstock-Schützen präparierten sich mehrere Bahnen (JZ)

Radfahren auf dem Eis - ein neuer Wintersport? (AG)

Blätterfreie Bäume geben mehr Sicht im Winter. (JZ)

Blick vom Blauen Blick nach Süden. (GJ)

Zufrierender See. Rechts im Vordergrund: Eislöcher durch Quellaufstöße. (JZ)

Blick übers Moos auf den Weiler Hofstätt. (JZ)

Einbrechen, versinken, ertrinken

Über Gefahren und Selbstrettung in Moor und See

„Der Autor spinnt. Erst lädt er einen zum Besuch von Moor und See ein und dann warnt er vor dem Betreten." Verständlich, dass der eine oder andere Leser so denkt.

Aber nun ernsthaft: **wie gefährlich ist das *Moor*?** Freilich kann man im größten Teil des Burger Mooses nicht einsinken und ertrinken. Und jeder Moor-Wanderer wird von vornherein *Schlenken* (die häufig im Hoch- und Zwischenmoor anzutreffenden moorigen Pfützen) meiden, denn dort würde man in den meisten Fällen sofort grundlos versinken. Aber man wird sich auch durch Griff auf die umgebende Pflanzendecke auch wieder schnell herausziehen können.

Tückischer Schwingrasen

Tückischer sind da schon die bei jedem Schritt nachgebenden Moorteile – *Schwingrasen* genannt. Das ziemlich feste Wurzelgeflecht lässt einen dort nur

Laienaufnahme eines in einer Schlenke eingesunkenen Mannes. (HBa)

selten durchbrechen, aber wenn dies doch geschieht, ist darunter keine Torfschicht, sondern nur Wasser. Und es ist zumindest ein unangenehmes Gefühl, wenn die strampelnden Beine keinen festen Boden finden.

Am gefährlichsten erscheinen dem Autor baum- und strauchbewachsene Bruchwald-Teile, weil sie den Eindruck erwecken, dass deren Wurzelwerk die Moorpflanzendecke noch verstärkt. Am Südteil des Hofstätter See in der Nähe des schmalen Ausflusses ist jedoch der Autor unter hohen Erlen beim Tritt auf einen sicher erscheinenden Seggenbuckel bis zum Kinn eingesunken. Die umgebenden schwimmenden Seggenpolster gaben nach, und ein Darüberkriechen schien zunächst unmöglich. Erst eine Baumwurzel lieferte den nötigen Halt, um sich aus der Wasserfalle zu winden.

Vergebliche Selbstrettung

Nicht weit von dieser Stelle entfernt hat vor einigen Jahren ein Bauer Ähnliches erlebt, nur ist es ihm nicht gelungen, sich selbst zu befreien. Erst durch lautes Rufen konnte er Hilfe herbeirufen, und schließlich rettete ihn die örtliche Feuerwehr. Was aber, wenn man im ausgedehnten Südteil des Burger Mooses einbricht und einen keiner hört?

Praktische Konsequenzen:

1. Erst garnicht versinken ist besser als sich selber retten. Man muss nicht unbedingt, das Moor durchwaten, um viele Moortypen und –pflanzen kennenzulernen. Auch **von den Rändern** und den schilfbewachsenen *sicheren Moorteilen* aus lässt sich schon sehr viel erkennen.

2. Man sollte *nie alleine* durchs Moor streifen, sondern immer in Begleitung. Der Wanderfreund wird einen herausziehen oder Hilfe rufen können.
3. Bei einem überraschenden Einsinken *Ruhe bewahren*. Wer Schwimmen kann, wird sich in der Regel auch mit einiger Anstrengung aus einem Moorloch winden können. Im warmen Sommer gibt es keine Gefahr des Erfrierens. Aber im Winter besteht eine extrem erhöhte Einbruchsgefahr, allein weil eine Schneedecke keinerlei Beurteilung der darunter liegenden gefrorenen Pflanzendecke zulässt. Und man kann auch erfrieren. *Also doppelte Vorsicht bei Moordurchquerungen im Winter*.

Verhalten auf dem zugefrorenen See

An einem sonnigen Wintertag geht es auf dem Hofstätter See so betriebsam zu wie auf einem niederländischen Gemälde: Eisstockschießer scheiben um die „Taubn", einige Schlittschuhläufer haben sich eine kleine Fläche frei geschaufelt,

Im Bildhintergrund ist der See bereits aufgetaut! Gottlob wäre das „rettende Ufer" nicht weit. (AG)

Spaziergänger mit einem Hund ziehen einen Schlitten hinter sich her. Eine winterliche Idylle – kein Mensch denkt ans Einbrechen oder Ertrinken.

Trotzdem sollte man sich bei jedem winterlichen Besuch der Tücken und Besonderheiten des Eises auf dem flachen Hofstätter See bewusst sein. Die flache Wasserschicht führt zu einer schnellen Abkühlung und Erwärmung. Bei einem massiven Kälteeinbruch ist dieser See rascher zugefroren als der Simssee oder der Chiemsee. Aber keine Behörde und keine private Einrichtung überprüft oder verkündet: jetzt ist das Eis tragfähig.

Wissen sollte man wenigstens, dass auch im Winter relativ wärmeres Grundwasser aufstößt, welches auch im dicken Eis an einigen Stellen runde **Wasserlöcher** von 20 bis 30 cm Durchmesser entstehen lässt (Limnokrenen). Man kann sie meist ganz gut sehen, wird selten hineinstolpern und schon gar nicht ertrinken.

Als **tragfähig** selbst für mehrere Personen wird eine Eisdicke von mindestens 8 cm angesehen. *Doch Vorsicht!* Schon wenige Meter von einer Teststelle entfernt, kann die Eisdicke – abhängig von Sonnenbestrahlung und Wassertiefe - viel dünner sein.

Ein Mädchen ertrank

Schon einige wärmere Tage lassen im Winter häufig das Eis schon vor dem eigentlichen Frühling dünner werden. Das ist die gefährlichste Periode. Schon vor längerer Zeit ist ein halbwüchsiges Mädchen nicht weit vom Ufer entfernt in einer solchen Schmelzzeit eingebrochen und unters Eis geraten. Die von einer Freundin herbeigerufene Hilfe kam zu spät.

Der Autor wohnte während der Kriegsjahre direkt am See. Sein Vater ermahnte ihn: „Nimm immer eine Stange mit, wenn

Du übern See gehst." Bei mehrfachen Einbrüchen war mir die etwa 5 m lange Stange eine große Hilfe.

Zusammengefasst:

1. Gehen Sie nicht aufs Eis, wenn Sie dort nicht bereits mehrere andere Personen sehen.
2. Bleiben Sie im Zweifelsfall eher in Ufernähe.
3. Nehmen Sie eine mindestens 5 m lange Rettungsstange mit.
4. Falls Sie (ohne Stange) eingebrochen sind, versuchen Sie nicht, mit der Brust nach vorne auf festes Eis zu kommen, sondern legen Sie Kopf und Rücken aufs Eis und bewegen Sie sich mit den Beinen strampelnd und den Armen vorsichtig schiebend heraus.
5. Helfer sollten Ihnen womöglich eine Stange oder eine Seil zuwerfen.
6. Sind Sie *misstrauisch nach Wärmeeinbrüchen*: am Hofstätter See wird das Eis früher dünn als an anderen Seen.

Spuren im Schnee auf der Eisfläche. (AG)

Besucher-Fragen von A - Z

- **Baden und Schwimmen** ist nur von den ausgewiesenen Badestellen im Südosten und Nordwesten des Sees aus erlaubt (Landschaftsschutzverordnung).
- **Blutegel** brauchen Sie beim Baden nicht zu fürchten. Es gibt kaum mehr welche.
- **Bootfahren**. Das Bootfahren mit mitgebrachten Schlauch- und Paddelbooten auf dem See ist noch erlaubt. Man sollte sich jedoch weit außerhalb des Schilf- und Binsengürtels bewegen und auch die beiden ins Burger Moos führenden Wassergräben meiden. Das Segeln mit Surfbrettern ist untersagt.
- „**Eiszeit**." Bei der Begehung des zugefrorenen Sees sollten Sie angemessene Vorsicht walten lassen
- **Essen und Trinken** kann man im „Strandhaus" am Südostufer des Sees, beim „Botenwirt" in Niedernburg und beim „Gasthof zur Post" in Prutting (siehe Karte auf der hinteren Umschlaginnenseite).
- **Fischen** dürfen im verpachteten See nur die Mitglieder des Anglervereins Isaria.
- **Kinder**, die noch nicht schwimmen können, sollten nicht ohne Aufsicht und immer mit Schwimmflügeln/-westen *Schlauchboot* fahren.
- **Kreuzottern** sind kaum mehr im Moos anzutreffen und ungefährlich.
- **Grillen** am See darf *nur* der Seewirt.
- **Hunde**. Müssen auf Liegewiese an der Leine gehalten werden. Und sie dürfen an den Badestellen nicht ins Wasser.
- **Landschaftsschutz-Verordnung.** Sie umfasst weiträumig Burger Moos und Hofstätter See. Innerhalb dieses Gebietes ist es u.a. verboten ruhestörenden Lärm (z.B. durch Radios) zu verursachen. Das Parken von Kraftfahrzeugen ist nur an den ausgewiesen Stellen erlaubt (siehe Karten).
- **Moor-Begehung**. Sie sollte schon aus Gründen des Pflanzenschutzes möglichst unterlassen werden. Keinesfalls alleine gehen.
- **Moorlehrpfad**. Wer sich die 14 Tafeln im Internet anschauen will: www.moorlehrpfad-burgermoos.de
- **Navi-Adresse** des Park- und Startplatzes ist: 83134 Prutting, Forst am See 3.
- **Parkplätze** gibt es an der großen Badestelle beim „Strandhaus" und an der kleinen Badestelle am Blauen Blick (siehe Karte auf der hinteren Umschlaginnenseite).
- **Notruf** mit dem Handy ist natürlich 112. Aber am See bekommt man nicht immer Netzanschluß. Und es ist nicht immer Verlass auf schnelle Rettung: In München sind 1989 drei Kinder ertrunken, weil Rettungskräfte erst nach 14 Minuten erschienen.
- Ein **WC** befindet sich im Kiosk der Seewirtschaft „Strandhaus".
- **Verkehrsmittel, öffentliche.** Burger Moos und Hofstätter See sind am besten mit dem DB Oberbayernbus erreichbar (siehe Seite 133).

Glossar

Benthal. Der Lebensbereich am Boden eines Gewässers.

Biomasse. Masse der lebenden Organismen.

Bulte. Kleine, trockene Erhebungen aus Torfmoosen und Torf im Hochmoor.

Hydrophyten sind Pflanzen, die ganz oder teilweise unter Wasser leben.

Lebensgemeinschaft. Gemeinschaft von Organismen verschiedener Arten, zwischen denen Wechselbeziehungen bestehen.

Limnokrene. Quellaufstoß aus unterirdischem Grundwasser in einem See (gr. Lemnos)

Drumlinhügel oder Drumlins sind längliche, flache Schotter-Hügel, deren Längsachse der Bewegungsrichtung des früheren Gletschers entspricht.

Makro.... Groß.

Makrophyten nennt man alle – im Gegensatz zu den nur mit dem Mikroskop erkennbaren Mikrophyten – mit bloßem Auge sichtbaren Pflanzen.

miktisch. Durchmischt

Mikro... Kleinst.

Mudde. Feiner Schlamm am Seeboden aus kleinsten Teilen abgestorbener Pflanzen.

Photosynthese. Bildung organischer Substanz einer Pflanze unter Nutzung von Lichtenergie.

Phyto... Vorsilbe für pflanzlich. Phytoplankton = pflanzliches Plankton.

Pollen. Die männlichen Keimzellen der Pollenkörner dienen der Bestäubung und Befruchtung der weiblichen Empfangsorgane.

Relikt. Überbleibsel aus (weit) zurückliegenden Zeiten.

Schlenke. Wasserlache im Hoch- und Zwischenmoor.

Succession. Reihenfolge von Vorgangsereignissen z.B. bei Verlandung.

Symbiose. Zusammenleben (Interagieren) von verschiedenartigen Organismen zu gegenseitigem Vorteil.

Tonwirteln. Gewichte aus Ton, die die senkrechten Fäden in steinzeitlichen Webrahmen spannten.

Trophie. Nährstoffreichtum (Fruchtbarkeit) eines Gewässers.

Zoo... Vorsilbe für Tier... oder tierisch. Z.B. Zooplankton = tierisches Plankton.

Register

Symbole

A
Anglerbund Isaria 127
Austrocknung 133

B
Baden 137
Badestrand 129
Bekassine 31
Biodiversität 68
Bisamratte 60
Blauer Blick 139
Blutegel 106
Bodenverbesserung 57
Botenwirt 139
Breitblättriges Knabenkraut 25
Bruchwald 38
Burger Moos 8, 12, 67
    Bedeutung und Wert 67

C
Carex 29
    Carex chordorrhiza 29
    Carex davallana 29
    Carex elata 29
    Carex pulicaris 29
Comarum palustre 30

D
Dendrochronologie 39
Dichteanomalie 117

E
Einbrechen 147
Einweihung Moorlehrpfad 78
Entstehung des Moor 12
Entstehung des Sees 84

F
Fische 113
    Aal 118
    Barsch 119
    Brachse 123
    Hecht 116
    Karpfen 121
    Plötze 124
    Rotauge 124
    Rotfeder 125
    Schleie 122
    Sonnenbarsch 120
    Waller 115
    Zander 117
Fischfang 127
Flohsegge 29
Friedfische 113

G
Gefährdung und Schutz 70
    Austrocknung 70
    Entwicklungskonzept 71
    Moorzerstörer 70
Gefahren für den See 133
Graugänse 109
Großseggen 25

H
Handtorfstich 51
Heilpflanzen 46
Hochmoor 50
Hochwasserschutz 72
Höckerschwan 62

K
Kleinseggenriede 24
Klimaschutz 72
Kormorane 127

L

Laichkräuter 95
Landgewinnung 19
Libelle 63
Lungenenzian 25

M

Mehlprimel 17
Moor. *Siehe auch* Hochmoor; *Siehe auch* Niedermoor
  Moore in der Literatur 26
  Moorfunde 39
  Moor in der Malerei 35
  Moorkunde 17
  Moorpflanzen 16
  Moorpflanzenarten 67
  Moortypen 12, 22
    Naturheilmittel Moor 46
    Renaturierung 72
Moordurchquerungen im Winter 148
Moor-Kultivierung 18
Moorlehrpfad Burger Moos 129
Moorleichen 55
Moor-Nutzungen 20
Möwen 109
Mykhorrizen 40

N

Nährstoffe 92
  Nährstoffangebot 45
  Nährstoffeintrag 71, 133
  Nährstoffmangel 51
Nahrungskette 92
Naturschutz 134
Naturschutz Moor 70
Niedermoor 24, 29
Nutzungen See 129

O

Orchideen 31
  Orchideenarten 68

P

Parkplatz 129, 136
Pflanzen im See 94
Photosynthese 94
Phyto-Plankton 94
Pionierpflanzen 85
Pollenanalyse 53

Q

Quellaufstöße 71
Quellaustritte 91

R

Raritäten 67
Raubfische 113
Regenwasser 91
Ringelnatter 62
Rohrammer 34
Rohrdommel 34
Röhrichte 33
Rohrkolben 33

S

Schilf 33
Schlammsee 85
Schlenken 16, 147
Schmetterlinge 64
Schwäne 109
Schwemm-Entmistung 36
Schwingrasen 43, 147
See 81
  Seeboden 106
  Seegrund 87
  Seemoor 8
  Seerundweg 129
  Seewasser 91
  Wasserhaushalt 90
Seebesitz 89
Segge 29. *Siehe auch* Carex
  Schlammsegge 48
Seggenriede 29

Großseggenriede 29
Kleinseggenriede 29
Steife Segge 12, 24, 25, 29
„Strandhaus" - Kiosk am See 129
Streugewinnung 20
Streuwiesen 21
Strickwurzel-Segge 29
Sumpfblutauge 30
Sumpf-Glanzkraut 43
Sumpfpflanzen, geschützte 74
Sumpfporst 53
Sumpf-Schwertlilie 33
Swamp crossing 10
Symbiose 40

T

Teichmuschel 106
Teichschachtelhalm 96
Tiere im Burger Moos 59
Tier-Raritäten 69
Tierwelt des Sees 103
Torf 19, 56
Torfmoose 50
Trübung, Seewasser 87

U

Uferbereich 99

V

Vegetationszonen 8
verbuschen 41
Verlandung 12, 133
Verlandungsprozess 18
Verwaldung 9

W

Wandern 138
Wasserhaushalt Moor 13
Wasserhaushalt See 91
Wasserinhalt 82
Wasserinsekten 63

Wasserpflanzen 95
Wasserschnecke 106
Wasserspinne 104
Wassertemperatur 86
Wasservogel 109
Winterfreuden 142
Wirbellose 104
Wollgräser 30

Z

Zooplankton 95, 103
Zwischenmoor 43

Bildnachweis

Bei allen Fotos und Grafiken haben wir die Autoren mit Ihren Initialen erwähnt.

Hier finden Sie die dazugehörigen Namen sowie gegebenenfalls weitere Informationen.

AG = Alexander **Großmann**
AH = Andreas **Hartl**
AR = Alfred **Ringler**
AS = Annette **Schulten**
AW = A. **Weisser** (Hutter, Sümpfe und Moore, 1997)
BHa = B. **Hartmann**
BHay = Bernd **Haynold**
CFi = Christian **Fischer**
CL = Claus **Linke**
CS = Cornelia **Siuda**
GJ = Gerhard **Jünemann**
GV = Georg **Vogl**
HB = Horst **Beer**
JKa = Jiří **Kamenicek** / www.biolib.cz
JS = Johannes **Sänze**
JZ = Johann **Zimmermann**
KG = Kurt **Gödecke**
KL = Klaus **Leidorf**
KPe = Kristian **Peters** / www.korseby.net
LBo = Lech **Borowiec** / Department of Biodiversity and Evolutionary Taxonomy, University of Wroclaw, Przybyszewskiego 63/77, 51-148 Wrocław
LfW = Bayerisches Landesamt für Wasserwirtschaft, München, Hiller
LUBW = Landesanstalt für Umwelt, Messungen und Naturschutz Baden-Württemberg, Karlsruhe
LWo = Len **Worthington** / www.flickr.com
MD = Marion **Gräfin Deym**

ML = Michael **Lohmann** †
MRe = M. **Rebellin**
MWe = Martin **Weinbrenner**
MWer = Manuel **Werner** / Wikipedia-Kontakt: http://de.wikipedia.org/wiki/Benutzer:Werner,_Deutschland
NSl = Niels **Sloth**
PCa = Phillip **Capper** / Hound Tor, Dartmoor, Devon, England; October 7, 2005; Phillip Capper (PhillipC) from Wellington, New Zealand
Sle = Stefan **Lefnaer**
SLM = Stiftung Schleswig-Holsteinische Landesmuseen Schloß Gottorf
US = Ulrich M. **Sorg**, Landesamt für Umwelt, Augsburg
VGBK = Verwaltungsgesellschaft BILD-KUNST
Wiki = Wikipedia / gemeinfreiheit
WvE = Wim **van Egmond** / www.microscopy-uk.org.uk

Den Bildnachweis haben wir mit größtmöglicher Sorgfalt erstellt. Falls uns trotzdem ein Fehler unterlaufen sein sollte, nehmen wir eine Berichtigung gerne entgegen und werden sie bei einer Neuauflage berücksichtigen

Von den meisten genannten Fotografen ist uns der Wohnort bekannt, und wir sind bereit, ihn auf Anfrage zu nennen, soweit wir dazu ermächtigt wurden.

Literaturhinweis

H. Bartmann, Grundlagen der Wasser- und Eisrettung

H. Beug, Leitfaden der Pollenbestimmung, 2004

G. Kaule, Seen und Moore zwischen Inn und Chiemsee - Schriftenreihe für Naturschutz und Landschaftspflege, Bd. 3, 72, 1973

C. Siuda, A. Ringler/Ökokart, Pflege- und Entwicklungskonzept für das Burger Moos mit Hofstätter - und Rinser See, 2006. Im Auftrag des Landkreises Rosenheim. Nicht veröffentlicht.

M. Ringler, Die Welt der Pflanzen zwischen Wendelstein und Chiemsee, 1972

U. Sommer, Algen, Quallen, Wasserfloh, 1996, Springer

M. Succow, Landschaftsökologische Moorkunde, 2001.

R. Darga, Auf den Spuren des Inngletschers, 2009

Geben Sie Feedback!

Der Autor freut sich über Kritik, Fragen, Anregungen.

Dr. Alexander Großmann,
Ebertstr. 14, 82031 Grünwald,
al.grossmann@gmx.de.

Impressum

© 2015 ratio-Verlag GmbH
Ebertstr. 14
82031 Grünwald
Alle Rechte vorbehalten. Printed in Germany

Layout und Satz: Claus Linke, Prien

Druck und Bindung: flyeralarm GmbH, 97080 Würzburg

ISBN 978-3-00-048695-1